JN094209

プログラム言語掟

おきて

はじめに

　「プログラム言語」を学ぼうと思ったとき、昔であれば、やれ「BASIC」だ、やれ「C言語」だと、多くの人が口を揃えて言い、その目的も、「楽しいオリジナルゲームで遊びたい」「便利なツールを作って配布したい」など、同じ方向を向いていた人が多かった気がします。

　また、「プログラム言語」に関する書籍もたくさんあり、皆が学びたい「プログラム言語」を体系立てて学ぶこともできました。

　しかし、現在では、「C」「Java」「Python」「Ruby」など、多くの「プログラム言語」や「スクリプト言語」が存在し、また、学習する理由も多種多様になっていて、プログラミング入門者にとっては、「選び方」も「学び方」も、分かり辛くなっています。

＊

　1章では、「プログラミング言語とは」「高水準/低水準なプログラミングとは」などの「プログラム言語」の紹介。続いて、「アプリ開発」「AI」「ゲーム開発」などの、目的に合った「プログラム言語」を取り上げて紹介します。

　2章では、覚えておきたいプログラミングの「カタチ」や「ルール」、「パラダイム」など、"プログラム言語の掟"を、分かりやすく解説しています。

＊

　これからプログラミングをはじめようとしている初心者や、スクリプトくらいは書けるよという中級者の皆さんのプログラミングの学習に、本書がお役立てれば幸いです。

I/O編集部

プログラム言語の掟

CONTENTS

はじめに……………………………………………………………… 3

第1章	目的別プログラム言語入門

[1-1] プログラミング言語の種類…………………………………… 8
[1-2] 「アプリ開発」のためのプログラミング言語 …………… 20
[1-3] AI/DLに使うプログラミング言語 ……………………… 30
[1-4] ゲーム作りのプログラミング言語……………………… 39
[1-5] 「プログラム」を作るためのプログラミング言語 ……… 47
[1-6] なぜ新しいプログラミング言語ができるのか………… 57

第2章	プログラム言語の掟

[2-1] プログラミング言語の「カタチ」と「ルール」…………… 66
[2-2] マルチパラダイムのプログラミング言語……………… 76
[2-3] 「マークアップ」と「マークダウン」……………………… 98

第3章	C言語、「昔話」から「現代」への物語

[3-1] 「C言語」との出会い ……………………………………… 110
[3-2] 「UNIX」と「C言語」……………………………………… 114
[3-3] 「C言語」の「歴史」と「規格」…………………………… 119
[3-4] C言語の「ヘッダファイル」……………………………… 123
[3-5] C言語の「char」の秘密 ………………………………… 127
[3-6] 「C言語」の「C23」での新機能紹介…………………… 131

索引…………………………………………………………………… 141

イラスト：へなちょこなすび
スタンプ → https://store.line.me/stickershop/author/650911/ja
絵文字 → https://store.line.me/emojishop/author/745004

目的別プログラム言語入門

「C」「Java」「Python」など、「プログラミング言語」は数多く存在します。

しかし、それぞれどのような特徴があり、どのようなプログラムを組むのに適しているかを知る人は、多くありません。

そこで本章では、「プログラミング言語とは」「高水準／低水準なプログラミングとは」といった基本的な部分から解説し、そこから、数あるプログラミング言語のうちメジャーなものを、「アプリ開発」「AI」「ゲーム開発」などの目的別に紹介していきます。

また、「プログラムを作るプログラミング言語」という、少し変わった言語の解説や、「なぜこんなにもプログラミング言語があるのか」という疑問についても、考えていきます。

プログラミング言語の種類

多種多様な言語の特徴

時代の要求に合わせて、さまざまなプログラミング言語が開発されてきました。

膨大な種類のプログラミング言語がありますが、人気のある言語には、多くの人が集まり、その言語を取り巻く環境がさらに発展するという経緯を辿っています。

■ 本間 　一

多種多様なプログラミング言語

プログラミング言語には多種多様な種類があり、その数は700種以上、派生言語も加えると、9000種以上と言われています。

なぜそれほど多くの種類があるのか。

＊

1つの言語で、どんなソフトでも作れそうにも思えますが、言語の種類は増えるばかりです。

多様な言語があるのは、道具にたくさん種類があるのに似ています。

緻密な作業をするには、それに合った大きさの精密な道具を使います。

大規模な土木作業をするには、大型の重機などを使います。

プログラミング言語も同様に、小規模なアプリケーション開発に向いている言語や、大規模なシステム開発に向いている言語などがあります。

プログラミングの規模や目的に合わせて、言語が開発されているのです。

新言語開発の主な目的は、「プログラミング作業の効率化」です。

そして、時代の変化に伴って、求められる言語も変わるので、言語の開発が終わることはありません。

「低水準/高水準」とは

■ プログラミング言語と「水準」

プログラミング言語には、「水準」という概念があります。

言語は、大まかに「低水準言語」と「高水準言語」に分類され、俗に「低級言語」と「高級言語」と言う場合もあります。

「低水準言語」は、コンピュータのハードウェアに近く、数値の羅列などで記述する言語です。
「高水準言語」は、人間が理解しやすい言葉で記述する言語です。

「低水準」と「高水準」は相対的な概念なので、中間的な言語もあります。

特定のプログラミング言語を使う際には、その言語がどちらに近いのかを把握しておくことが大切です。

■ 低水準言語

「低水準言語」には、「機械語」(マシン語)や「アセンブリ言語」などがあります。
それらの言語は、コンピュータに直接命令を与えるための、数値の羅列に近い言語です。

「機械語」は、まさに「数値の羅列」で記述します。
コンピュータは送られてきた特定の数値で、何をするか決まっていて、動かしたい順番に送れば、コンピュータはそのとおりに働きます。

＊

コンピュータは、数値による処理を粛々とこなしますが、人間が数値の羅列によるプログラムを見ても、何を行なうのか分かりません。

そこで、人間が「機械語」を解釈しやすくするために開発されたのが、

「アセンブリ言語」です。

　「アセンブリ言語」は、短い英単語や略語と、記号や数字を組み合わせて記述する言語です。

　コンピュータは「アセンブリ言語」を直接解釈できないので、コンピュータの言葉である「機械語」に翻訳する必要があります。

　その翻訳機にあたるのが「アセンブラ」です。「アセンブリ言語」は「アセンブラ」を通して「機械語」に変換します。

■ 高水準言語

　「低水準言語」でもさまざまなプログラムを作れますが、プログラムが大規模になるほど、プログラムの記述や管理が困難になります。

　「高水準言語」では、人間の言語に近い言葉でプログラミングでき、複数のプログラムを連携して使うための記述方法なども用意されていて、複雑なプログラミングを効率的に作れます。

　「高水準言語」で記述したプログラムを実行するには、「アセンブリ言語」と同様に、最終的には「機械語」に変換する必要があります。
　「高水準言語」で変換作業を担当するのは、「コンパイラ」や「インタープリタ」などのプログラムです。

　「コンパイラ」は、「高水準言語」で記述されたプログラムを、コンピュータが解釈して実行できる形式に変換するプログラムです。

　また、「高水準言語」のプログラムを、より低水準のプログラムに変換するための「コンパイラ」もあります。

　「インタープリタ」は、「高水準言語」で記述されたプログラムを逐次解釈しながら実行するプログラムです。

　「インタープリタ」を介して、ある言語のプログラムを、リアルタイムに機械語や低水準のプログラムに変換しながら実行します。

「スクリプト言語」とは

　「スクリプト言語」は、特定の言語の名称ではなく、「『Script』（スクリプト）を用いて記述する言語全般」を指します。

　「Script」の元の意味は、「脚本」や「台本」です。

　「Script」に分類されるプログラミング言語では、人間が理解しやすい言葉で、プログラムコードを記述します。

　演劇では「Script」に従って、役者は与えられた役を演じます。
コンピュータは与えられた「Script」のとおりに、処理を実行します。

　「スクリプト言語」は英文に近い表記でプログラムを記述でき、直感的にプログラミングできます。

　スクリプト言語はインタープリタで動作するため、「ソースコード」（プログラミング言語で記述した文字列）を即座に実行できます。

「プログラミング言語」の種類

　プログラミング言語は多種多様ですが、よく使われる言語を抜粋してみましょう。

■ C言語

「C言語」(シーげんご)は、1972年、米国の計算機科学者デニス・リッチー氏を中心とするグループで開発された汎用プログラミング言語です。

「C言語」は基本的に「高水準言語」に分類されますが、低水準のプログラミングもできるという特徴があります。

現在使われている汎用プログラミング言語のひな形となり、「C言語」を基に開発された、多数の派生言語があります。

■ C++

「C++」(シープラスプラス)は、C言語から派生した汎用プログラミング言語です。

「C++」は一般に「オブジェクト指向プログラミング」に分類されることが多いですが、その分類の枠に囚われずに、多様なソフト開発に対応できます。

「C++」は複数の概念を取り入れて設計されていて、そのような言語は「マルチパラダイム言語」とも呼ばれます。

密接に関連するデータとその処理プロセスを1つのまとまりとして、それを「オブジェクト」と定義します。
そして、さまざまな「オブジェクト」の関係性を構築していく手法を「オブジェクト指向」と呼びます。

■ C#

「C#」(シーシャープ)は、マイクロソフトの開発者アンダース・ヘルスバーグ氏が設計し、ヘルスバーグ氏率いるチームが開発したプログラミング言語です。

　「C#」はC言語の系統であり、「C++」と同様に「マルチパラダイム言語」の一種で、「C++」の手法も取り入れながら、より効率的なプログラミングを目指した言語です。

　「C#」はWindowsと密接な関係にある言語です。
　たとえば、マイクロソフトの「.Net Framework」（ドットネットフレームワーク）は、「C#」で開発されています。

　「.Net Framework」は、「共通言語ランタイム」と言う種類のプログラム実行エンジンです。
　「.Net Framework」には、さまざまな目的に対応するプログラムが含まれています。

　あるソフトを開発する際に、「.Net Framework」に含まれるプログラムを利用すると、ソフト開発期間を短縮できます。

■ Java

　「Java」（ジャバ）は、「汎用のオブジェクト指向言語の一種」です。
　ネットワークシステムやアプリケーションなど、さまざまなソフトを開発できます。

　「Java」はプログラミング言語の名称であると共に、プラットフォーム（実行環境）の名称でもあります。

　コンピュータに「Javaプラットフォーム」（Java仮想マシン）がインストールされていれば、Javaで開発したソフトは、どのコンピュータでも動かすことができます。

■ Python

「Python」（パイソン）は、「汎用のオブジェクト指向言語の一種」です。

「Python」を考案したのは、オランダ出身のプログラマー、グイド・ヴァンロッサム氏。

ヴァンロッサム氏は、1970〜80年頃に活躍したイギリスの人気コメディグループの「モンティ・パイソン」のファンで、その名をとって、自身の開発する言語を「Python」と名付けました。

「Python」の開発は1989年末から始められ、文法がシンプルで、比較的分かりやすく、高機能なスクリプト言語として世界的に普及しました。

Googleが主要な開発言語の1つとして、「Python」を多用していることからも、言語としての利便性が高いことを表わしています。

「Python」には、「複数の処理を1行で記述できる」「ライブラリが豊富で開発期間を短縮できる」——といった特徴があり、「AI」（人工知能）開発でよく使われるようになりました。

利用者が増えれば、さらにライブラリも充実して、さらに利用者が増えます。
そのような経緯から、「Python」は近年、非常に注目度が高くなっています。

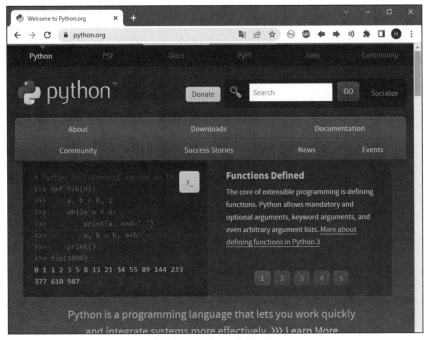

図1-1-1　Python 公式サイト
（https://www.python.org/）

■ JavaScript

「JavaScript」（ジャバスクリプト）は、「Java」と似た名称ですが、まったく別のプログラミング言語で、その名のとおり、「スクリプト言語」の一種です。

Webブラウザには、「JavaScript」のソースコードを解釈して実行する機能をもっているので、JavaScriptで作ったプログラムは、即座にWebブラウザで動作させることができます。

■ Go

「Go」（ゴー）はGoogleが開発した、オープンソースのプログラミング言語で、発表されたのは2009年11月と、比較的新しい言語です。

「Go」は、「C++」などのC系言語に似たコンパイラ型の言語になります。

発表当初にはLinuxとMac OS Xをサポートしていましたが、2012年に発表された「バージョン1.0」から、Windowsもサポートされました。

その後、AndroidやiOSもサポートされ、モバイル向けアプリの開発もできるようになりました。

■ Scratch

「Scratch」(スクラッチ)は、米国マサチューセッツ工科大学の研究所の1つである「MITメディアラボ」が開発した、「ビジュアルプログラミング言語」です。

「Scratch」は、主に子ども向けに、プログラミングの基本的な考え方を学ぶツールとして開発された言語です。

子ども向けに開発されましたが、大人でも、初心者のプログラミング学習に役立ちます。

「Scratch」はWebブラウザで動作します。

「Scratch」のプログラミングではコードを書かずに、処理内容を示すブロックを並べて、プログラムを作ります。

作ったプログラムは、すぐに実行して、どのように動作するか確かめることができます。

また、あるプログラムを作ったら、それを一まとめのユニットとして、他のプログラムと繋いで、より複雑な処理をプログラミングすることも可能です。

プログラムを作る考え方は、本格的なプログラミング言語と変わりません。

ただ、プログラミングの「コマンド」や「文法」などは学習できないという欠点があります。

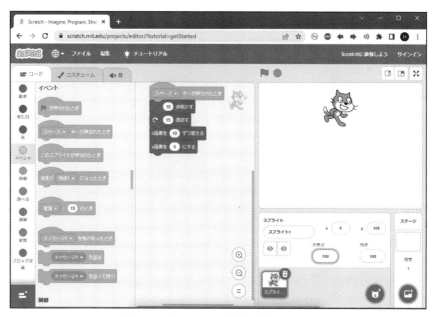

図1-1-2　ブロック・プログラミング「Scratch」

プログラムの種類

■ 処理の自動化

特定の決まった作業を自動化すると、人間が行なう処理が減って、業務など、さまざまなタスクを効率的に進められます。

自動化される作業には、決まった文面のメール送受信、画像編集の同じ作業の繰り返し、情報の収集や抽出、ExcelやWordなどの自動処理などがあります。

■ アプリやゲームの開発

　アプリやゲームと言えば、かつてはC系言語による開発が多かったのですが、近年ではネットワーク接続が必須という形態のソフトが増えています。

　そのような状況変化に対応するため、使われる開発言語の種類も変化しています。

　「C#」や「C++」「Java」などはもちろん使われますが、「Python」や「Go」など、ライブラリが豊富でネットワークと相性のいい言語のプライオリティが高まっています。

■ Webサービスの作成

　「Webサービス」の開発には、ニュースなどの告知、会員制サービスの提供と会員の管理、業務システムの構築とデータベースの連携など、多岐に渡る分野が存在します。

　既存の複数のアプリケーションを連携するようなシステム構築では、その連携部分のプログラムを新たに開発する場合もあります。

■ 家電製品の開発

　「エアコン」や「電子レンジ」など、ネットワークを利用する家電が増えています。

　ネットワーク家電の開発では、家電本体の操作とネットワークを関連付ける設計が必要です。

　家電製品の開発者は、ハードウェアだけでなく、ネットワークのプログラミングスキルも求められるようになってきました。

■「ロボット」や「自動運転車両」の開発

　ロボットの操作は、「人間によるマニュアル操縦」と「自動制御」に大別されます。

　「マニュアル」と「自動」の切り替えが必要な場合もありますし、「一部の動作を自動化」する必要性も出てきます。

　自律動作の制御では、センサからのデータによって自動分岐動作をしたり、機械学習の高度な判断によって動作したりするなど、自律レベルに応じたシステム設計が必要です。

　自動車メーカーは、自動運転システムの開発に多くのリソースを投入しています。

　自動運転システムには、各種センサからのデータ取得が欠かせません。
　センサ情報の解析による運用には、機械学習の手法が取り入れられています。

　自動運転システムを搭載した自動車は、もはやロボットの一種と言ってもいいでしょう。

　ロボットと自動車のシステム開発では、プログラミング言語の利用パターンが共通しています。

　主要な制御システムには、「C++」がよく使われていて、「AI」や「機械学習」のシステムでは、主に「Python」が使われます。

「アプリ開発」のためのプログラミング言語

「安全なコーディング」と「簡潔な構文」を実現するためのコンセプト

私たちが日常的に利用しているさまざまなアプリは、どのようなプログラミング言語で開発されるのでしょうか。

いくつかのプログラミング言語のコンセプトやトレンドを解説するとともに、最新のiPhoneアプリ開発フレームワークの「SwiftUI」を紹介します。

■ 新井進鎬(市原こどもプログラミング教室)

さまざまなアプリケーション

小学生の会話でも日常的に話題となるほど、「アプリ」という言葉は一般的です。

アプリがこれほど流行するきっかけとなったのは、「iPhone」です。

「App Store」の公開とともに、アプリが世間に普及したのは、2008年のことでした。

アプリには「ゲーム」や「便利ツール」の他に「業務用」もありますが、大雑把に表現すると、「特定の目的をもったソフトウェアプログラム」と言うことができます。

「iPhone」や「Android」のアプリは「モバイルアプリ」として分類されます。

他に、多く利用されている形式としてはWEBアプリがあります。

これらは、プログラムが実際に動作している場所で分類されます。

「モバイルアプリ」は、インストールされたスマートフォン上で実行されるプログラムですが、「WEBアプリ」のプログラムは、スマートフォンが接続しているサーバ上、あるいはブラウザ内で動作します。

プログラミングパラダイム

「プログラミングパラダイム」とは、そのプログラムが「動作する仕組み」や、それを利用するための「コーディング手法」を指します。

「手続き型プログラミング」「関数型プログラミング」「オブジェクト指向プログラミング」など、さまざまなパラダイムがあります。

もっとも基本的な手続き型パラダイムのプログラミング言語では、「Visual Basic」(以下、「VB」)などが有名です。

「VB」は90年代にWindows PC向けのアプリケーションを開発するために利用されていました。

「VB」を、ExcelやWordなどの作業を自動化するためにOfficeアプリに搭載したものが「VBA」(Visual Basic for Application)です。

*

「手続き型プログラミング言語」は、すべてのサブルーチンからグローバル変数にアクセスできてしまうので、ソフトウェア開発が大規模になっていくにつれて、コードが複雑になる欠点があります。

これを補う必要性から、オブジェクト指向パラダイムをサポートする言語が、プログラマーから支持されるようになりました。

「WEB」か「モバイル」かを問わず、アプリ開発に用いられる現代的なプログラミング言語は、どれも、いくつかのパラダイムを同時にサポートする「マルチパラダイム言語」です。

その中でも、もっともポピュラーなパラダイムとして、「オブジェクト指向プログラミング」が挙げられます。

「オブジェクト指向プログラミング」では、現実世界に存在する「物体」や「概念」を「データとしてモデル化」して、オブジェクトを定義します。

　そして、それらのオブジェクトが相互に連携することによって、プログラムが動作します。

　「Python」「Java」「Kotlin」「Swift」などでアプリを開発する際は、基本的に「オブジェクト指向プログラミング」を利用します。

「プログラミング言語」のトレンド

　「iPhoneアプリ」を開発するには、一般的に「Swift言語」が利用されます。
　「Swift」以前は「Objective-C」が利用されていました。

　「Android向けのアプリ」は、「Kotlin」あるいは「Java」のどちらかを選ぶことができます。

　「Kotlin」は後発の言語ですが、Android向けアプリ開発の推奨言語であることが、2019年にGoogleから発表されています。

　「Swift」と「Kotlin」はどちらも安全なコーディングと簡潔な構文を目指した言語であり、「Python」や「Java」と比較しても後発のモダンな言語であると言えます。

　また、「Swift」と「Kotlin」は登場初期から「静的型付け」と「Null安全」(Swiftはnil)、「ジェネリクス」をサポートしていることも、モダンな言語思想といえます。

■「静的型付け」と「動的型付け」

　プログラムが実行される前 (つまり、コーディングしている最中、あるいはコンパイル時)に値のデータ型を決定するプログラミング言語を、特に、「静的型付け言語」と言います。

対照的に、プログラムが実行されている最中（ランタイム時）にデータ型を決定する言語を「動的型付け言語」と言います。

近年のプログラミング言語では、「静的型付け」がトレンドになっています。

「静的型付け言語」では、変数の宣言時に値の型が決定するので、プログラマーは安心して変数を扱うことができます。

動的に型が決定される言語では、プログラムの中で変数の型が常に変化する可能性があるため、細心の注意を払う必要があります。

以下、変数に値を代入するコードを用いて、静的型付け言語の「Swift」と、動的型付け言語の「Python」を比較します。

リスト1-2-1　静的型付け言語Swiftの変数

```
var value = 123
value = "abc"   //  コンパイル時エラー
```

変数「value」の値は、varキーワードによる宣言時に「整数型である」と推論された後は型を変更できないので、プログラムのどこであっても「整数」であることが保証されます。

整数以外のデータ型の値を割り当てようとすると、コンパイラが即時にエラーを報告します。

リスト1-2-2　動的型付け言語Pythonの変数

```
v = 123
v = "abc" //  整数から文字列になった
v = True.  //  文字列から真偽値になった
```

　変数「v」には、プログラムの中でどんな値でも自由に設定できます。

　高い柔軟性が得られる反面、プログラマーは変数を慎重に扱う必要があります。
　静的に型を決定するプログラミング言語では、コンパイル時にエラーが検出されやすくなるので、実行時のアプリクラッシュをあらかじめ防ぐことができます。

　また、「静的型付け言語」では、実行時のメモリオーバーヘッドが不要になるので、「動的型付け言語」と比較してパフォーマンスの向上も期待できます。

■ Null (nil)安全

　「Null」は、プログラムにおいて「値が存在しない状態」を示すリテラル*です。

*リテラル：ソースコード内に値を直接表記したもの。

　「Swift」では「nil」で示され、他の言語では「null」あるいは「None」などで示されます。

＊

　一般的に、「値が存在しない状態」を参照するコードはエラーの原因になります。

　そのため、「Null安全」をサポートする言語では、原則として通常の値に「Null」を代入することを禁止しています。

＊

以下、Null (nil)安全について、簡単なSwiftコードで解説します。

リスト1-2-3 Swiftのnil安全

```
var number = nil    // エラー
```

　上例のコードは、通常の変数に「nil」を設定しようとしているので、コンパイラ時にエラーを報告します。

　「nil」を設定するには、値をオプショナル型として宣言します。

リスト1-2-4 Swiftのオプショナル

```
var number: Int? = nil
number = 123
```

　オプショナル値にアクセスする際は、値が「nil」でないことを確認した上でアンラップします。

リスト1-2-5 Swiftにおけるアンラップ

```
if number != nil {
    print("number is", number!)
}
// Prints number is 123
```

　スマートフォンなどの、比較的新しいプラットフォーム向けのアプリを開発するための言語の多くは、何かしらの形式で「静的型付け」と「Null安全」をサポートする傾向があります。

アプリ開発とフレームワーク

　実際のところ、プログラミング言語を習得しただけでは、アプリを開発することは難しいでしょう。

　アプリの「ユーザーインターフェイス」(UI)構成する「ボタン」や「リスト」を、ゼロから自力で開発するには膨大な時間がかかります。

　効率的にアプリを開発するためには、「専用の開発環境」や「フレームワーク」、「SDK」(ソフトウェア開発キット)が必要です。

＊

　「Python」や「Kotlin」「Swift」がアプリ開発に利用される主要な言語となった理由は、優れた言語設計はもちろんですが、そのプラットフォームに最適化された「開発環境」や「フレームワーク」が用意されていることにあります。

　たとえば、「Dart」はもともと「JavaScript」の後継となることが期待された言語でした。

　後に「Flutterフレームワーク」が登場したことにより、「Windows PC、Mac、Android、iPhone」で動作するクロスプラットフォームなアプリを開発できるようになりました。

＊

　他にも、「Python」向けには、WEB開発フレームワークである「Django」や「Flask」があります。

　今日、iPhoneアプリがこれほど多くリリースされている背景には、Appleが「開発環境」と「SDK」(ソフトウェア開発キット)を提供したことにあります。

　これと同じように、Googleは「Kotlin」でAndroid向けアプリを開発す

るための統合開発環境「Android Studio」と「SDK」を提供しています。

■ SwiftUIフレームワーク

iPhoneアプリ開発においては、「SwiftUIフレームワーク」が、近年話題になっています。

「SwiftUI」によるアプリ開発では宣言的な構文により、UIとその動作を記述するためのコード量が、従来の手法に比べて圧倒的に削減されます。

*

他に、「SwiftUIフレームワーク」の利点の一つとして、「iPad、Mac、Apple Watch、Apple TV」向けのアプリを単一のコードベースで開発できる点が挙げられます。

これは、動作するデバイスごとに、アプリのUIが自動的に最適化されることを意味します。

図1-2-1は、リスト画面とその詳細画面で構成される「iPhoneアプリ」です。

ユーザーがリストのフルーツをタップすると、遷移した詳細画面でそのフルーツの画像を表示する、シンプルなナビゲーション構造です。

図1-2-1　リスト画面（左）と詳細画面（右）

さらに**図1-2-2**は、そのまま同じコードを「iPad」向けに実行した様子です。

図1-2-2　iPadで表示されたリストと詳細画面

iPadの画面では、「リスト」がサイドバーになって、フルーツの画像と共に1つの画面に収まっています。

さらに、リスト上部には「サイドバーの表示を切り替えるボタン」が自動的に配置されていることにも、注目できます。

「SwiftUIフレームワーク」を利用して開発されたアプリは、現時点では未知の、将来的にリリースされるデバイス（たとえばヘッドセット機器など）に自動的に最適化されることも期待できます。

AI/DL に使うプログラミング言語

Python ＋フレームワーク以外の選択肢

「AI」(Artificial Intelligence)や「DL」(Deep Learning)
のプログラミングを始めるなら、「Python」から——と言われる
昨今ですが、本当にそれだけでいいのでしょうか。
　「AI/DL」における、各言語のメリットやデメリットをまとめ
て説明します。

■ 新井克人

「AI/DL」で必要な機能

　「AI」「DL」の機械学習アルゴリズムを実装、実行するために、プログラミング言語の選定は欠かせません。

　使い慣れた言語でコードを書きたいですが、機械学習アルゴリズムには、「データの前処理」「基礎分析」「機械学習モデルの構築と学習」「検証」「機械学習モデルの実装」「運用と管理」と、多くのプロセスがあります。

　これらすべてを1つの言語で実装する必要はありませんが、「データの前処理」から「機械学習モデルの構築と学習」までは、何度も繰り返すため、「一気通貫」でインタラクティブにプログラミングできる環境が便利です。

　また、特に「DL」を実装、実行する場合、「DL専用」のプロセッサとして、「GPU」や「TPU」などを利用する可能性があります。

　そのため、必然的にこれらのハードウェアのサポートがある言語を選ぶことになりますし、開発者が多いメジャーな言語の動作が安定する傾向が生まれます。

＊

これらの点を踏まえて、どのようなケースでどの言語を選べばいいか、紹介します。

「AI/DL」でよく使われる言語

データ分析や機械学習の競技プラットフォームの「Kaggle」では、毎年アンケートによる調査「2021 Kaggle Machine Learning & Data Science Survey」が行なわれており、そこでデータサイエンティストとして普段使用する言語(Q7)と最初に学ぶことを推奨する言語(Q8)を尋ねる項目があります。

2021年の結果は、圧倒的に「Python」が使われており、推奨言語としても1番です。

その次に「R」「SQL」「C/C++」「Java」と続きます。

*

このデータから分かるように、データ分析や機械学習を始めるにあたって、特殊な言語を学ぶ必要はありません。

ただ、目的によっては言語の得意不得意があるので、その点も説明します。

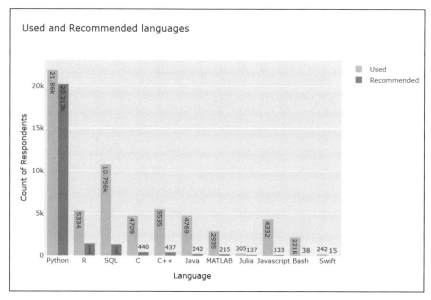

図1-3-1　Kaggleでの利用言語と推奨言語のサーベイ結果

https://www.kaggle.com/code/asmaamosa/kaggle-survey-2021/notebookより引用

■ Python

　Kaggleの調査結果を見るまでもなく、現在「AI/DL」で使われているプログラミング言語で、もっともメジャーなのは「Python」です。

　ただし、「Python」で「AI/DL」プログラミングを実施するためには、ライブラリ/フレームワークと組み合わせることが前提になるため、詳細は後述します。

　開発環境の点でも、試行錯誤が多い「AI/DL」プログラミングでは、「Jupyter Notebook」のインタラクティブな環境は欠かせません。

　また、「GPU」などのハードウェアサポートの対応が早い点も、利点に挙げられます。

　強いて「Python」の弱点を挙げるとすれば、「インタープリタ言語自体の重さ」です。

　実行効率を重視するなら、学習時は「Python」、実装時は「別言語」を使うことになります。

■ R（アール）

　「R」は、「DL」が全盛となる前は、統計処理や機械学習のもっともメジャーな言語でした。

　「統計処理」と「グラフ化」「ビジュアル化」の機能が優れており、インタラクティブにプログラミングできるため、今でも多くのデータサイエンティストが利用しています。

　「GPU」もパッケージ導入のみで使用でき、セットアップは難しくありません。

　ただ、「DL」関連のライブラリは、「Python」のフレームワークのほうが充実していますし、機械学習モデルを「モバイル」などのアプリケーションで使いたい場合には、別の言語を使うことになります。

　そのため、機械学習の研究や学習用途として考える場合の候補とするのがいいでしょう。

＊

　研究用途の言語では、他に「MATLAB」（あるいは「Octave」）がありますが、同様に一般的なアプリケーションを作るには向きません。

■ C/C++

　あらゆる環境で使える言語であり、パフォーマンスを追求する場合には第1候補となる言語が、「C/C++」です。

　「Edge環境」のような、計算資源が限られた環境では「C/C++」しか言語をサポートしていない場合もあります。

　つまり、「C/C++」を選ぶのは、主に「機械学習モデルを実装するケース」です。
　「機械学習」や「ディープラーニング」のライブラリについては、実行環境に合わせて提供されていることも多く、実装自体の難易度は下がりつつあります。

　ただし、データ前処理やデータ分析を手軽に実施できる言語ではないので、機械学習モデルを試行錯誤して構築する段階では、他の言語を選択することをお勧めします。

■ Java

　「Java」は、エンタープライズシステムでは、まだまだ現役の言語です。
　開発者も多く、「サーバ」から「モバイル」まで幅広い環境で、アプリを作ることができる点が魅力です。

　機械学習ライブラリの「Weka」や、Deep Learningのフレームワークとしてメジャーな「TensorFlow」も提供されており、機械学習モデルを実装する際に、候補となる言語です。

　ただし、パフォーマンスの観点では「C/C++」に劣りますし、「JVM」が動作しない環境では当然使えません。

　また、「C/C++」と同様に、データの前処理やデータ分析を繰り返し試行錯誤する用途には向きません。
　主に、機械学習モデルをバックエンドのサーバやAndroidに実装するための言語です。

■ Java Script(Type Script)

Webアプリ、ブラウザ上で機械学習モデルを直接実行させたい場合や、「Node.js」を使ったWebサービスとして実装する場合には、「Java Script」(Tyape Script)が選択肢になります。

「Java」と同様に開発者も多く、学習もしやすい良い言語ですが、「AI/DL」プログラミングを実施する環境としては、お勧めしません。

なぜなら、「AI/DL」関連のライブラリがまだ発展途中であり、「GPU」のサポートもブラウザ依存で限定的です。

そのため、機械学習アルゴリズムを直接「Webブラウザ」で実行する必要があれば、選択肢に入ります。

■ Julia

最近注目されている言語が、「Julia」です
後発の言語らしく、これまで紹介してきた言語の良いところを取り入れた、「AI/DL」向けの言語として、人気が出てきています。

「Julia」は、「C言語」なみに高速実行ができ、「Python」のように変数の型宣言が不要で、「R」のようにデータサイエンティストが必要とするパッケージが用意されています。

その上、外部呼び出しとして、「Python」や「C言語」のライブラリが実行できるため、まさにいいとこ取りを極めようという言語です。

一方で、まだまだコミュニティも小さく、日本語リソースは少ないため、初心者には、ハードルが高い現状があります。

＊
ここまで挙げた以外にも、「Go」や「Scala」「Haskel」「Lisp」などの言語

が「AI/DL」プログラミングで使われています。

　好みの言語から「AI/DL」プログラミングをスタートするのがいいですが、「AI/DL」プログラミング言語は、日々進歩しています。

　その点では、新しい言語好きの方にも、追っかけ甲斐のあるエリアと言えるでしょう。

PythonのAI/DLライブラリ・フレームワーク

　「Python」がもっともメジャーな「AI/DL」プログラミング言語である点は疑いの余地がありませんが、それは、強力な「統計計算・機械学習ライブラリ」と「フレームワーク」が揃うことで実現できています。

　そこで最後に、「AI/DL」プログラミングを実施する上で必須のライブラリを紹介します。

■ NumPy/SciPy

　「Python」を使用して科学技術計算を行なうためのパッケージ。
　「AI/DL」プログラミングでは、「データ変換」や「行列計算」で使います。
　各種「AI/DL」関連ライブラリでは、必須の前提パッケージとなっています。

■ Pandas

　「データの前処理」と「データ分析」を、効率良く実施するためのライブラリです。
　ファイルやデータベースからの「データの読み込み」や「表形式のデータ処理」、「統計量算出とグラフ化」といった機能があります。

　「コマンドライン版のExcel」と言ってもいい使い勝手ですが、変数の

型などが独特で、「Python」と別の言語を並行して使っているような感覚になるのが難しいところです。

■ Scikit-Learn

メジャーな機械学習モデルを集めたライブラリ。

「分類」「回帰」「クラスタリング」「次元削減」「最適化」といった、AIプログラミングで使う機能が揃っています。

このライブラリが使えれば、AIプログラミングの基礎レベルで困ることはありません。

■ Tensorflow/Keras

「AI/DL」フレームワークである「Tensorflow」と、簡易なコーディングを実現するためのライブラリである「Keras」は、「DL」プログラミング環境のデファクトスタンダードです。

作った学習済モデルを「C/C++」「Java」「Java Script」などの他の言語環境で実行可能なため、「DL」プログラミングを行なう場合には、基本的な使い方を学習するといいでしょう。

■ Pytorch/Pytorch Lightning

「Pytorch」は、近年「Tensolflow」をしのぐ開発者コミュニティをもつ「DL」フレームワークです。

ロジックの把握がしやすいといった特色があるため、特に「DL」の研究者に人気です。

そして、「Tensorflow」における「Keras」と同様に、「Pythorch」で簡易なコーディングを可能にする、「Pytorch Lightning」が注目されています。

ただし、モデルのプラットフォーム間の可搬性は「Tensorflow」が優れ

ているため、目的に沿った方を選びましょう。

「Python」の「ライブラリ・フレームワーク」も日々進化しており、最近はAI/DLを細かく理解せずとも使えるものが増加しています。

初心者の方も、まずは触って動かすところから始めてみるのに良い頃合いなので、ぜひ挑戦してみましょう。

ゲーム作りのプログラミング言語

「ゲームエンジン」と「開発環境」

ゲーム作りによく用いられている「プログラミング言語」や
「開発環境」について見ていきましょう。

■ 勝田有一朗

「ゲームエンジン」でのゲーム作り

今どきのゲーム作りを語るには、まず「ゲームエンジン」の存在が欠かせません。

「ゲームエンジン」という言葉の意味自体は多岐に渡りますが、ここで言うゲームエンジンとは、「ゲーム作りを効率的に行なうための"統合開発環境"」です。

ゲーム作りが効率的になれば、それだけ質を追い求めることができますし、ゲームエンジンそのものに、グラフィックスやサラウンドを簡単に高品質で組み込む仕掛けが備わっていたりします。

大手のゲーム会社では、自社ゲーム開発に最適なゲームエンジンを内製することもありますが、現在は、一般に公開、配布されているゲームエンジンがとても進化してきており、そのような配布されているゲームエンジンで製作された市販ゲームも多くなっています。

特にゲームで3D-CGを用いるのが当たり前になった昨今では、「3D-CGモデルのデザイン」と「プログラム開発」がダイレクトにリンクしているゲームエンジンを用いた開発が、特に効率的となります。

さらに、多くのゲームエンジンは、「マルチプラットフォーム対応」と

なっており、一回開発したゲームにほんの少しの変更を加えるだけで、「PC」から「家庭用ゲーム機」や「スマホ」へ移植することも可能です。

　これもゲームエンジンが広く用いられるようになった理由の1つでしょう。

　このように、便利なゲームエンジン、中でも一般公開されている代表的なゲームエンジンは、個人ユーザーでも利用可能です。しかも、製作物で一定以上の利益を上げるまでは無料で利用できるので、使わない手はありません。

「Unity」と「Unreal Engine」

　現在、ゲームエンジンの二大巨頭と目されているのが、Unity Technologies が提供する「Unity」と、Epic Games が提供する「Unreal Engine」です。

　それぞれの特徴を紹介していきましょう。

■「Unity」の特徴

図1-4-1　Unity 開発環境

①「日本語の情報」が豊富

まず、第一に「Unity」はWeb上や書籍など日本語の情報が豊富で、習得する際の大きなメリットとなります。

②「アセット」が豊富

「Unity」は公式ストアでたくさんの「アセット」(素材)が手に入ります。

有料のものもありますが、無料のものも多く、ゲーム作りの省力化に役立ちます。

③「C#」の習得が必須

「Unity」では「C#」というプログラミング言語を用いてゲームを作るため、「Unity」の使い方とともに「C#」の習得も必須となります。

■ 「Unreal Engine」の特徴

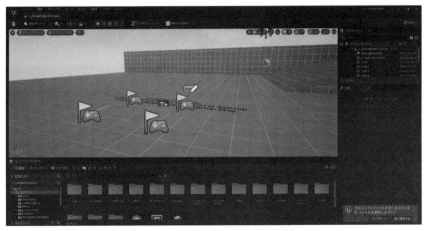

図1-4-2　　Unreal Engine開発環境

①プログラム無しでゲームが作れる。

「Unreal Engine」には、「ブループリント」と呼ばれる機能があり、あらかじめ用意されている動作や機能を線でつなぐだけでゲームを作り上げ

ることができます。

　もちろん、本格的なゲーム作成にはプログラミング言語の併用も必要となってきますが、とにかく簡単にカタチにできるのは、初心者にとっても嬉しいところでしょう。

②テンプレートが豊富

　「Unreal Engine」にはゲーム作成時のテンプレートが豊富に用意されており、「FPS」や「横スクロールアクション」「パズルゲーム」などの根幹部分をテンプレートの組み合わせで構築していくことが可能です。

　「ブループリント」と併せて初心者にも優しい機能と言えるでしょう。

③グラフィックスが美しい

　「Unreal Engine」は最新のグラフィックス技術を次々に取り入れていくことでも知られており、簡単に美しいグラフィックス表現を組み込むことができます。

④開発にはハイパワーなPCが必要

　美しいグラフィックスがウリの「Unreal Engine」は、開発環境にもしっかりとした3D性能が求められます。

⑤日本語の情報が少な目

　「Unity」と比較して「Unreal Engine」は日本語の情報が少な目で、英語のドキュメントから情報を拾うことが多くなるかもしれません。

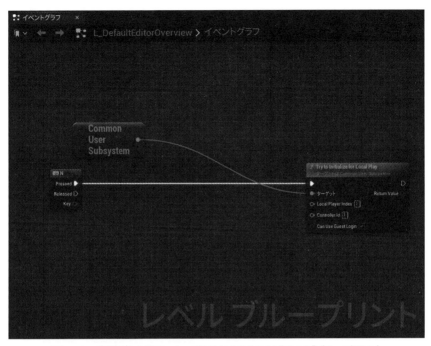

図1-4-3 機能同士を線でつないでシステムを作り上げていく「ブループリント」

ゲーム作りで使う「プログラミング言語」

世の中にはさまざまなプログラミング言語が氾濫しており、よく使われているものだけ挙げたとしても、その数は10や20は下らないでしょう。

ただ、ゲーム作りに限って言えば、プログラミング言語の代表は3つほどに絞られます。

■ C++

「C++」は「C言語」にオブジェクト指向などの高度な仕組みを加えたものです。

コンピュータが理解しやすい書き方のプログラミング言語で、人間側

にしてみれば少々とっつきにくい面もあります。

　そのぶん、細かい処理も高速に実行できるのでゲーム作成には適していると言えます。

　先に紹介した「Unreal Engine」では「C++」が主力のプログラミング言語となっています。

■ C#

　「C#」は、「C++」と「JavaScript」を参考にMicrosoftが開発した比較的新しいプログラミング言語です。名前から「C言語」の系譜のようですが、文法や構文に名残はあるものの、互換性があるわけではありません。

　生みの親がMicrosoftであることから、従来は「.NET Framework」など主にWindowsアプリケーションの作成に用いられていましたが、「Unity」での主力プログラミング言語になったことから、ゲーム開発にも広く用いられるようになりました。

■ JavaScript

　「JavaScript」は、軽量なインタープリタ言語で、元々は動的なWebサイト構築などに用いられる、Webブラウザ上のためのプログラミング言語でした。

　「JavaScript」は、他プログラミング言語と比べて構文もシンプルで習得しやすく、またインターネットの広がりで、Web開発者のニーズも高まったことから人気が高まったプログラム言語です。

　「Unity」が対応したことで「JavaScript」もゲーム作成に広く用いられるようになりましたが、現在「Unity」は「C#」をメインに構えていることから、次第にシェアも下がっていくと考えられます。

■ 今から習得するなら「C++」か「C#」！

以上のことから、今後もゲーム作成において広く用いられるのは、「C++」か「C#」になるでしょう。

それぞれにメリットデメリットはありますが、「Unreal Engine」を使うなら「C++」、「Unity」を使用するなら「C#」という考え方でいいと思います。

シェーディング言語

現在の「グラフィックスカード」に搭載されているGPUの心臓部は、「プログラマブル・シェーダ」と呼ばれるプログラミング可能なユニットで構成されています。

このプログラマブル・シェーダ」を制御するためのプログラミング言語が、「シェーディング言語」と呼ばれます。

要は、グラフィックス描画処理に特化したプログラミング言語で、「C++」や「C#」といった汎用的なプログラミング言語とは趣が大きく異なります。

ゲーム画面を彩る美しいグラフィックスは、このシェーディング言語を駆使して処理されており、ゲームエンジンを使う場合でも、お仕着せではなく独自のグラフィックス表現に拘りたいならば、「シェーディング言語」の利用が不可欠です。

現在ゲームなどで広く用いられている「シェーディング言語」として、次の2つを紹介します。

■ High Level Shading Language

通称「HLSL」と呼ばれるシェーディング言語で、「DirectX」の高レベルシェーディング言語です。

　「C言語」および「C++」をベースにした言語となっており、現在Windowsでゲームを作るなら、まず「HLSL」をチェックしておけばOKでしょう。

　「現在ゲーム向けにもっとも広く使われているシェーディング言語」と言えます。

■ OpenGL Shading Language

　こちらは、「GLSL」とも呼ばれます。

　「DirectX」と同じく、古くからグラフィックス描画の言語として開発が続けられてきた「シェーディング言語」で、WindowsのみならずMacやLinuxを含む、複数のOS間での互換性が大きな特徴となります。

「プログラム」を作るためのプログラミング言語

「C」に埋め込んで威力を発揮する「Lua」

自身が独立したプログラムとして動作すると言うより、ほかの言語によるプログラムを効率的に作成するためのプログラミング言語があります。

その筆頭が、「C言語」と連携する「Lua」(ルア)。29年もの間、その立ち位置を守り続けてきました。

■ 清水美樹

プログラムを作るプログラミング言語

■ その代表「Lua」

「プログラムを作るプログラミング言語」の代表として、「Lua」を紹介します。

でも、「プログラムを作るプログラミング」は、ほかにもたくさんあります。

まず、「Ruby on Rails」のようなフレームワークは、物理的なファイルを自動で作ります。

また、「TypeScript」という言語は、コンパイルして「JavaScript」ファイルを作ります。

目には見えないが、内部で他の言語に変換して実行するプログラミング言語もあります。

■ 自分だけで完結しない (で良い)

しかし、「Ruby on Rails」は、あくまでも「Ruby」で書いて「Rubyファイル」を作ります。

　「TypeScript」も、「TypeScript」だけで書けます。

　しかし、今回紹介するのは、自分だけで完結したプログラムを構築することを目的としないプログラム言語です。
　それが、「Lua」です。

　スクリプトファイル単体も実行できますが、他の言語、具体的には「C」と連携してこそ、真価を発揮します。

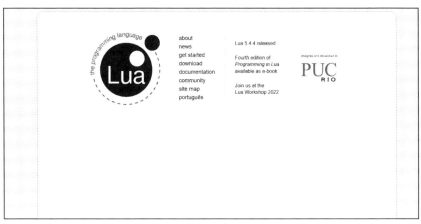

図1-5-1　Luaの公式ホームページ
https://www.lua.org/

■「C」との連携を目的とした「Lua」

　「Lua」の公式マニュアルでは、他の言語でも利用できるとしながらも、「C」との連携を前提として解説しています。

　「Luaのコードを呼び出して実行するCプログラム」や、「Cプログラムを Lua で呼び出すスクリプト」として使われます。

■ 連携の効果

「プログラミング言語C」(以後、「C言語」と略称、なお「C++」も含む)で作成されたアプリケーションは、OSに別途実行環境を置くことなく直接動作できます。

そのため、高速、かつOSを通じてハードウェアの制御が可能です。

＊

一方で、より原始的な制御を書かなければならないので、難しいです。

そこで、「C」プログラムの中で、頻繁に変更する箇所、ユーザー入力など外部とのデータ授受を行なう箇所、プログラム同士を接続する箇所などに、「Lua」を用いるのです。

「Lua」の活躍ぶり

■「29年」の歴史

「Lua」の創始は1993年、ブラジルの「PUC-Rio」ことリオデジャネイロ・カトリカ大学のコンピュータ系の学科です。

「Lua」はオープンソースで、現在は開発者コミュニティが開かれています。

原稿執筆時点での最新バージョン「5.4.4」の発表は、2022年1月、29年たっても、活発に改良が続けられています。

■「Lua」の利用事例

「Lua」の利用事例として有名なのは、写真処理ソフト「Adobe Lightroom」です。

他には映像技術の「Blackmagic Fusion」、各種ゲームエンジン、また配信ソフトの定番「OBS」をはじめ、多くのソフトウェアの「プラグイン」が

Lua をサポートしています。

　パートナー企業のサポート、一般からの寄付、解説本の収益などがプロジェクトを支えています。

■ 第三者のLuaライブラリ

　「Lua」と「C」を用いた第三者のライブラリで有名なのは、GUI ライブラリである「IUP」(http://iup.sourceforge.net/)、各種フレームワークを作っている「Kepler Project」(https://github.com/keplerproject) などです。

「Lua」のソフトウェア的特徴
■ 非常に小さい

　Luaのソフトウェア的特徴は、「非常に小さい」ことです。

　Windows版のLuaの正体は、「DLL ファイル」1つだけで、容量は350KBです。

　これと、「Lua スクリプトの実行プログラム」などのツールを合わせても900KBしかありません。

図1-5-2　Windows版Luaのファイル群
本体DLLファイルと、ツールを合わせて900KB。

　スクリプト言語の代表格「Python」のインストールデータが約100MB、「Ruby」が約950MBであることを考えると、「Lua」がいかに小さなソフトウェアであるか実感できます。

■「メイン関数」をもたない

　「Lua」は「メイン関数」をもたず、他のプログラムに埋め込んだり、他から呼び出すことを前提にしているのが、この特徴からも分かります。

　スクリプト単体の実行には**図1-5-2**の「lua.exe」が必要です。

「Lua」のコード的特徴

■ データ型

　「Luaは記述が簡単でパワフル」…と言うと、他のいろいろな言語でもある主張ですが、具体的な特徴には、まず「データ型」があります。

・データ型は8種類で、「nil」「boolean」「number,」「string」「function」「userdata」「thread」および「table」型があります。

・number型は、さらに整数を表わす「integer」と、浮動小数点数を表わす「real」に分かれる。いずれも標準は64bitだが、コンパイル時に32bitに指定可能。

・「使用可能な値がない」ことを示す「nil」は、「nil」という単一の値をもつ独立したデータ型。
　「条件文」中では、「nil」は「false」を返す。

・table型はキーと値からなる「連想配列」。データを記述する中心となるオブジェクト。ひとつの「tableオブジェクト」の中で、キーのデータ型は異なってもよい。

・userdata 型は、「C」で書かれた外部のデータをポインタとして「Lua」の変数から参照する。

・thread 型は、「Lua」の特徴である「コルーチン」を実現するためのオブジェクト。

なお、「Lua」は動的型付け方式です。

「integer」と「real」の区別なども、コード上で指定する必要はなく、処理系が判断します。

■「メタテーブル」と「メタメソッド」

「Lua」で言う「メタテーブル」は、「メタデータを格納するテーブルオブジェクト」です。

「メタデータ」とは一般に、「5という値は『整数なので、足し算ができる』」というような、データをコードで処理するための情報です。

優れたオブジェクト指向の言語では、この情報を「整数オブジェクトなので、addというメソッドをもつ」と定義できます。

これが「メタメソッド」です。

メタメソッド名を「キー」とし、該当する関数オブジェクトを「値」とするテーブルオブジェクトが「メタテーブル」で、「Lua」のコード上で記述するすべての値が「メタテーブル」をもつことができます。

「メタテーブル」によって、「整数のaddメソッド」と「文字列のaddメソッド」の処理を分けられるのです。

基本的なメタメソッドは自動で付加されますが、自由に編集できます。

「table」型、「userdata」型でメタテーブルの編集、共有が威力を発揮します。

Cプログラムで呼び出される「Lua」

■「Lua」を呼ぶCのコード例

実際、「Lua」のコードを呼ぶ「Cのコード」は、たとえば**リスト1**のとおりです。

リスト1-5-1　Luaのコードを呼ぶCのコード

```c
#include <stdio.h>
#include <stdlib.h>

#include <lua.h>
#include <lualib.h>
#include <lauxlib.h>

int main(void)
{
    lua_State *L;
    L = luaL_newstate();
    luaL_openlibs(L);

    luaL_dofile(L, "myfile.lua");

    lua_close(L);
    return 0;
}
```

■「lua_State」というデータ型

リスト1-5-1を見ると、「lua_State」というデータ型の変数Lが作られて、「Lua」のライブラリを読み込んだり（関数luaL_openlibs）、「Luaスクリプト」を実行したり（関数luaL_dofile）して、最後に閉じられることが分かります。

この「lua_State」が示すものは、具体的にはスレッドですが、間接的にそのスレッドを行なう「Lua」の実行環境の全情報を表わすことになるため、「State」という名前が付いています。

そのため、「lua_State」を、「LuaのVM」と説明することもあります。

実際に使ってみるには

■ バイナリは有志

さて、図1-5-2に示したWindows版「Lua」ですが、実は「Lua」の公式ホームページからダウンロードしたわけではありません。

「Lua」は公式にはソースコードしか提供していないのです。

図1-5-2にある「Lua」のバイナリは、以下のサイトなど、有志が提供しています。

《バイナリの提供元「LuaBinaries」》

http://luabinaries.sourceforge.net/

「LuaBinaries」では、実行ファイルも含めたバイナリは、「Tools Executables」というカテゴリにあります。

図1-5-2のフォルダ内にスクリプトファイルを置いて、ターミナル上で「lua 'myfile.lua'」のように実行すれば、「Lua」に標準で備わっている記法とデータ型を用いて、テキストベースのスクリプトを書いて実行できます。

■ すべて揃った Windows バイナリ

少し古いですが、GitHub上で有志が作成している「Lua for Windows」
をダウンロードできます。

実行形式のインストーラ（最新版LuaForWindows_v5.1.5-52.exe）で、
「C:\Program Files(x86)\Lua\」に、Luaの実行ファイルからサンプルま
でがすべて置かれています。

「Hello World」から、「IUPライブラリを用いたGUI」まで、豊富な
「Luaスクリプト」を研究かつ実行できます。

スクリプトを堪能したら、自分のスクリプトを読み込むCプログラミ
ングと格闘するのも良いかもしれません。

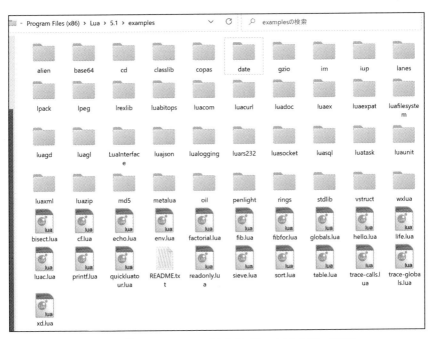

図1-5-3 「Lua for Windows」からインストールされたサンプル群
これだけあったら「Lua」の理解もバッチリでは

図1-5-4　GUIサンプルまで試せる

なぜ新しいプログラミング言語ができるのか

プログラミング言語進化論

プログラミング言語に多くの種類があるのは、これまで「求められる機能」が追加されてきた進化の結果です。

ここでは、プログラミング言語の進化の背景を見ながら、「ひとつの言語では充分ではない理由」「新しいプログラミング言語を習得する意義」を考えてみます。

■ 大澤文孝

どの「プログラミング言語」でも結果は同じ

プログラミング言語は、コンピュータに対して命令を書くための文法ですが、書いたものを、そのまま実行できるわけではありません。

コンピュータができるのは、CPUが直接解釈実行できる「マシン語」と言う数値の羅列です。

どんなプログラミング言語で書いても、最終的には、マシン語に変換して実行されます。

ですから、「どんなプログラミング言語で書いても、最終的な結果は、ほぼ同じ」です。

そのため、「1つのプログラミング言語で済ませよう」とするなら、理論的には、できなくもありませんが、賢くはありません。

※実際には、プログラミング言語によって実行効率が違うため、完成したプログラムの速度に差が生じます。しかしそれは、プログラミング言語の違いというよりも、変換するプログラム（コンパイラやインタープリタ）の性能によるものです。

プログラミング言語は「道具」である

その理由は、プログラミング言語は、「道具」であるためです。

たとえば、大工仕事をする場合、「ノコギリ」「カナヅチ」「ドライバー」などがあれば、ひとまず足ります。

しかし、細かい作業や仕上げに「ノミ」や「カンナ」が、時短のために「電動ドライバー」が欲しいと思うはずです。

そして、より美しい仕上がりにするための「補助具」なども欲しくなるはずです。

「プログラミング言語」も、それと同じです。

「簡単に」「ミスなく」動くようにプログラマーは、

・できるだけ簡単にたくさんの機能を作れる
・書いたプログラムが高速に動く
・ミスすることなく書ける

ことを望んでいます。

こうしたことを実現するために、たくさんのプログラミング言語が生まれてきました。

■「勉強用」としてシンプルに

まず、プログラミング言語のなかには、「勉強用」の意味合いで考案されるものがあります。

今ではあまり見ませんが、昔のパソコンに多く搭載されていた「BASIC」というプログラミング言語は、当時、使われていた「FORTRAN」を、やさしく初心者向けに改良したものです。

「BASIC」の略語は、「beginners' all-purpose symbolic instruction code」(初心者のための汎用命令コード)です。

■「奇怪な書き方」をやめてシンプルに

実用目的で、分かりやすさや機能の向上を目指したものもあります。

たとえば「Ruby」という言語は、「Perl」と呼ばれる言語の影響を大きく受けています。

「Perl」は、「短い文で多くのことができる」のが特徴で、幅広い分野で使われてきました。

しかし、言語構文が少なく、一見して分からない「記号」で表現されるため、他人が書いたコードを読むのが難しい側面がありました。

「Ruby」は、「Perl」の怪奇なコードの書き方を止めたり、オブジェクト指向の考え方 (後述) を取り入れたりすることで、分かりやすくパワフルに進化したものだと言えます。

■「ミス」を少なく

ときには、もともとのプログラミング言語を、より堅牢にしたいという方向で発展することもあります。その代表が、「TypeScript」です。

*

「TypeScript」は、ブラウザ上のプログラミング言語として使われる「JavaScript」を改良し、主に「データ型」の考え方を拡張した言語です (型のことは英語で「Type」と呼ぶので、「TypeScript」と名付けられています)。

「JavaScript」は、かなり自由な言語で、さまざまな書き方が許される反面、それが原因で、プログラマーの些細な凡ミスが致命的で、なかなか見つけづらいエラーの原因になりえます。

「TypeScript」では、書き方を厳格にして、凡ミスを発見しやすいように拡張されています。

オブジェクト指向のコードが書きやすくなるなどもあり、「JavaScript」から乗り換えるプログラマーも増えています。

高速に効率良く、細かいところまで制御する

今ではPCの速度が速くなったので、あまり気になりませんが、「記述したプログラムが高速に動く」ことも重要です。

また、「PCのシステムの深い部分まで記述できる」ことも大事です。

そうした発想で生まれた代表的なプログラミング言語が「C言語」です。

これは、「UNIX」というOSを開発するために考案され、高速に動くことと、「ハードウェア」に対して細かい操作ができるのが特徴です。

今でも「OSの開発」はもちろん、「組み込み開発」など、ハードウェアの制御を必要とする場面で広く使われています。

「技術パラダイム」への対応

新しいプログラミング言語は、「新しい考え方」「新しい技術への対応」など、いわゆる「技術パラダイム」によっても生まれます。

■ オブジェクト指向

「ある機能をする部分」をひとつの部品として扱って、それを組み合わせて全体を作る「オブジェクト指向」は、プログラミングの世界に、大きな変革をもたらしました。

プログラム全体の見通しが良くなりますし、チーム開発で分担して開発できるため、複雑化した多くのコードを書かなくならなければならな

くなった現在、必須とも言える手法です。

　「オブジェクト指向」の言語として注目を集めたのが、C言語を改良した「C++」です。
　「C++」はよく流行りましたが、拡張を重ねるにつれ、構造が複雑で難解なものになりました。

■ プログラムの汎用化

　そうした中、「Java言語」が登場し、一躍、注目を集めました。

　「Java言語」の文法は、「C++」をとてもシンプルにしたもので、「C++」（もしくは「C言語」）のプログラマーであれば、習得が容易ということもあり、広く普及しました。

　その後、マイクロソフト社は、このJavaに対抗して、「.NET Framework」という、同じような仮想マシン環境を開発します。

　「.NET Framework」で動かすプログラムを書くための言語が、「C#」です。

　これも「Java」同様、「C++」（もしくはC言語）を知っていれば、容易に移行できました。

> ※「C#」以外に、「VB.NET」という、「Visual Basic」の改良言語も提供されましたが、誌面の都合上、委細は省略します。

■ 特化と細分化

　プログラミング言語は、特定の目的や用途に細分化する道を進むこともあります。

最近で言えば、「スマホ開発」です。

Androidは、もともとは「Java言語」で開発していましたが、最近は、それを改良した「Kotlin」が使われています。

iPhoneは、もともとは「Objective-C」という、C言語にオブジェクト指向の機能（「C++」とは異なるやり方のオブジェクト指向の拡張）を加えたもので開発していましたが、現在では、「Swift」という言語が使われています。

「Kotlin」や「Swift」のような言語が生まれたのは、「スマホ開発に特化した書き方を、より簡単にしたい」という要望を叶えるためです。

■ 並列プログラミング

プログラミングの新しいやり方が増えることにより、言語仕様が拡張されることがあります。

たとえば、「並列プログラミング」があります。

「並列プログラミング」では、コードの一部を並列して動かす機能のほか、そのコードの実行が終わるまで待つなど、並列に動作しているプログラム同士で連携する機能も必要です。

こうした機能のために、言語仕様が拡張されるのです。

「Java」や「C#」における「async」などの構文は、まさにそうです。

ときには、そのために新しいプログラミング言語が登場することもあります。

たとえば、「Go言語」は、そうしたプログラミング言語の1つだと思います。

「Go言語」は、その言語自体がシンプルであるなどの特徴がありますが、「並列プログラミング」がしやすいのも大きな特徴なのです。

「新言語」は大きくは変わらない

こうした背景から、新言語が次々と登場してくるのですが、ほとんどの場合、新言語の習得は、さほど難しくありません。

結局のところ、プログラミング言語は、「僕の作った最強の言語」として考案されるわけですが、従来のプログラミング言語と大きく違うと習得に時間がかかるため、よほど特徴があるものでない限り、それを使うプログラマーの人口が増えず、普及することはありません。

多忙なプログラマーは、「すぐに習得できて、すぐに活用できる」なら乗り換えますが、複雑で理解しにくいと、なかなか普及しません。

こうした背景もあり、多くの言語は、従来の言語に似た文法を意識して作られます。

そもそも、プログラミング言語は、

①値の保存
②計算
③条件分岐
④繰り返し

が、基本機能であり、この書き方のバリエーションを、あえて大きく変える必要もありません。

「新言語」で効率よくプログラミングする

これまで説明してきたように、新しい言語は、「特化したもの」「より簡単に堅牢に書けるように工夫されたもの」として、考案されます。

そのため、新しいプログラミング言語で書けば、「優れたコードが短時間で書ける」はずです。

　新しいプログラミング言語を使わず、古いプログラミング言語に固執するのは、「せっかく新しい道具があるのに、それを使わない大工」と同じで、もったいないと言えるでしょう。

＊

　新しいプログラミング言語が登場して、それを使って開発できるのであれば、ぜひ、チャレンジしてみてください。

　ただ「好き嫌い」もありますし、「自分の手になじまない」ときは、もちろん、無理に使う必要はありません。

　でも、試しもせずに、「難しそうだからやめよう」という食わず嫌いは損します。

第**2**章

プログラム言語の掟

プログラム言語を学ぶ上で、覚えておきたいものの1つに、「プログラミングパラダイム」があります。

「プログラミングパラダイム」とは、たとえば、「オブジェクト指向プログラミング」では「プログラムはオブジェクトをつくり、それを管理するもの」のように、プログラミングの模範となるものです。

本章では、「マルチパラダイム・プログラミング言語」や「マークアップとマークダウン」にスポットをあて、「カタチ」や「ルール」などの掟（おきて）を紹介していきます。

プログラミング言語の「カタチ」と「ルール」

「プログラミングパラダイム」とは何か

ここではプログラミング言語の歴史に触れつつ、「プログラミングパラダイム」の概要を整理したいと思います。

■ Cala Maclir

プログラミング言語の「カタチ」と「ルール」

みなさんもご存知のとおり、「プログラミング言語」には種類がたくさんあり、それぞれに「カタチ」と「ルール」が存在します。

プログラミング言語はこれまで、実行するマシンの環境や用途に合わせてカタチを変え、あるいは新たなプログラミング言語として誕生してきた歴史的経緯もあります。

プログラミング言語を習得し、利用するには、「プログラミングパラダイム」(=プログラミングの模範とすべきこと)を学ぶのも肝心です。

ここでは、そういった「カタチ」と「ルール」について、考えてみましょう。

「マシン語」から「高級言語」へ

■ マシン語

プログラミング言語の根源は「マシン語」です。

「マシン語」は、CPUや環境ごとにプログラムを書かざるを得ず、同じプログラムを展開する効率が悪い上、保守性もよくありません。

「8bit CPU」の場合だと、計算するのも一苦労ですし、大半の「8bit CPU」は、掛け算さえ、ままなりません。

　そこでCPUや環境の違いを隠蔽し、算術機能のサポートなど、実用的なプログラミングをしやすくしようと、ホビイストたちは「高級言語」へ挑戦していきました。

　一時期は、自らのマイコンに「BASIC」を実装して、動作させるのが目標になったくらいです。

■ BASIC

　かつて「BASIC」の一大ブームがあり、パソコン黎明期の「高級言語」の代表格となりました。

　習得が容易な上、手軽に使えること、ビジネスなどに使えるように浮動小数点演算をサポートしたことなどから、多くのパソコンやポケットコンピュータで「BASIC」が標準搭載されます。

＊

　ただ、「BASIC」の欠点として、「構造化プログラミング」ができないことが当時から指摘されていました。

　しかし、その当時のパソコンの容量や機能から言えば、気合と根性でなんとかなる程度でしたし、構造化言語を標準で搭載するメモリや環境の余裕もありませんでした。

　そもそも、当時は"できなかったことをできるようにすること"への関心が高く、パソコンは大半のホビイストにとって技術的可能性を達成する装置だったのです。
　また、「構造化プログラミング」による効率性や保守性よりも、プログラムを高速に動かすメリットが大きかったのです。

　「BASIC」のプログラム中から、「マシン語」のプログラムを動作させる、ということが多く行なわれてきました。

＊

　そして、時代が流れ、パソコンの性能の向上で構造化言語である「Pascal」や「C」が、動くようになってくると、「BASIC」の欠点はことさら指摘されるようになりました。

■ Pascal

　「BASIC」の次の時代を担うプログラミング言語として注目を浴びたのが、「Pascal」です。

＊

　「8bitパソコン」でも、「MZ-80B」向けに「SHARP純正Pascal」が販売されたほか、「UCSD Pascal」「Turbo Pascal」や「Delphi」なども登場し、一定の盛り上がりがありました。

　簡潔な構文でありながら整理された言語仕様で、教育向けとされましたが、やや冗長な記述と「C言語」の流行により、勢いは衰退。

　そのため、今では、「Pascal」で記述されたプログラムはほとんど見受けられませんが、「Pascal」は後の多くの言語に影響を与えています。

■ C

　さまざまな「C言語」が登場しましたが、その中でも決定的だったのが、フリーソフトとして登場した「LSI C-86試食版」でした。

　本格的な構成をもつ「LSI C-86」という製品が、機能を限定しながらも無償で提供された意味は大変大きく、これによって多くのフリーソフトが誕生していきました。

　これで「C言語」の修練を積んだ人も多いと思います。

＊

　ただ、「C」は初学者向けとは到底言えません。

　強みであるポインタの管理が難しく、容易に暴走を引き起こす、いわば「強力なナイフは自らをも傷つけてしまう」という性格をもちます。

　とはいえ、当時は入門書籍も多く刊行され、高級言語といえば「C」という時代を迎えます。

■ さまざまな言語の登場とマルチパラダイム時代

　ここまでは「プログラミングパラダイム」は、それほど意識されてきませんでした。

　「構造化プログラミング」は確かにそうですが、「プログラミングパラダイム」として意識するほどでもなく、プログラミング言語のあり方として、当たり前になってきていたのです。

　その後、「MS-DOS」の時代を経て、「Lisa/Mac」「Windows」などのGUIの時代になると、アプリケーションのあり方が劇的に変化してきました。

＊

　「Windows」においても、パソコン黎明期がそうであったように、「BASIC」が装いも新たに「Visual BASIC」として登場しました。

　当時、英語版を海外から取り寄せましたが、その簡便さと「構造化プログラミング」に対応した形に改められたことに驚いたものです。

　その後、用途に応じたさまざまな言語が多数登場し、目的やスタイルに合わせて選択肢が一気に増えました。
　時代の推移とともにメモリなどの資源が豊富になり、それまでの制約から解き放たれた結果、アプリケーションでできることが一気に拡大。

　そして、システムが大型化してくると、「オブジェクト指向」などの「プログラミングパラダイム」が意識されてくるようになりました。

「プログラミングパラダイム」とは？

　「構造化プログラミング」は「プログラミング言語の発達」という歴史的な時間軸ですが、「オブジェクト指向」などはプログラムのあり方に対する新しいアプローチと言えます。

　そこで、そのようなプログラミングに関する考え方を「プログラミングパラダイム」と言っています。

　プログラマーからすると、プログラミング上の目的に対して、どのようなアプローチや考え方がよいのか、どのプログラミング言語を採用すればよいのか、という指標になります。

＊

　プログラミングに対するアプローチや考え方は多数あり、活発な議論が行なわれてきました。

　各言語がもつ「プログラミングパラダイム」やその定義に触れることで、プログラミング言語の特性を大雑把に知ることもできます。
　よって、新しい言語に触れるときは、ひとまず知っておくと得になることがあるでしょう。

　たとえば、「プログラミングパラダイム」が同じ言語は、習得しやすい可能性があります。

「プログラミングパラダイム」の種類

　明確であるものとそうでないもの、定義上一分類としてのものなどさまざまですが、一例をあげます（参考文献[*1]）。

・構造化プログラミング⇔非構造化プログラミング
・命令型プログラミング⇔宣言型プログラミング
・メッセージ送信プログラミング（アクターモデル）
・手続き型プログラミング⇔非手続き型言語
・オブジェクト指向プログラミング
・イベント駆動型プログラミング
・シグナルプログラミング
・スタック指向プログラミング

　これらをすべて説明するのは大変なので、この中から歴史的な転機になった「プログラミングパラダイム」を2つ、簡単に紹介します。

■ 構造化プログラミング

　「BASIC」は「GOTO」文を使わざるを得ないことなどで厳しい批判があったことは先述しましたが、古くは「FORTRAN」において、そのような問題が指摘されていました。

　そんな中、エドガー・ダイクストラらが「構造化プログラミング」を提唱。
　それとともに「教育用言語としてBASICはふさわしくない」という運動が過激化し、しばしば炎上騒ぎになっています。
*
　では、教育用言語としてふさわしいとされた「Pascal」はどうだったかというと、それほど普及したとは言えませんでした。
　構造化より、簡単に動く「BASIC」のほうが分かりやすいメリットがたくさんあったからです。

　しかし、時代が変わり、プログラムが巨大化してくると「構造化プログラミング」のメリットが大きく出てくるようになりました。
*
　「構造化プログラミング」は、大きく3つの要素が含まれます。

●順次

通常のプログラム実行。

この要素しか含まれない言語は、「BASIC」などの「非構造化プログラミング」に分類される。

●選択

いわゆる「if…then…else」や、「select文」。

●反復

「for文」や「while文」などの繰り返し構文。

図2-1-1のフローチャートの例のなかで、「順次」「選択」「反復」の部分を注釈として加えました。

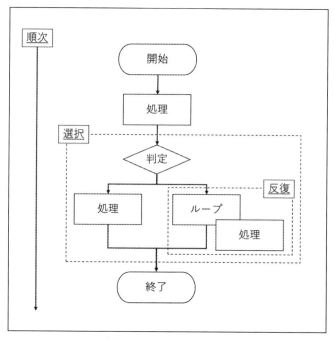

図2-1-1　フローチャートの例

　「選択」の中に「反復」が入ることもあれば、「反復」の中に「選択」が入る、それぞれが多重に入ることがあります。

＊

　これらの要素は、ほぼすべてのプログラミング言語に見出すことができます。

　実は「BASIC」にもこの3要素はありますが、制約が致命的なので、「構造化プログラミング」を達成できません。

　さらに「マシン語」には「反復」の要素はありません。

　つまり、「プログラミングパラダイム」はCPUやそのマシンが最初からもっているものでなく、プログラミング言語や設計や実装の考え方に基づいていることに注意が必要です。

■ オブジェクト指向プログラミング

　ゼロックスのパロアルト研究所で製作されたコンピュータ「Alto」。

　その製作者のアラン・ケイは、「オブジェクト指向プログラミング」を提唱し、「Smalltalk」を作りました。

　「Smalltalk」は、クラスベースのオブジェクトを用いる考え方を導入し、当初から「オブジェクト指向プログラミング」のために生まれた言語とされます。

　「Smalltalk」は普及したかというと、そうとは言い難いですが、その考え方は多くのプログラミング言語に多大な影響を与えました。

　たとえば、「Mac」や「iPhone」のアプリ開発者ならご存知の「Objective-C」は、「C言語」をベースに「オブジェクト指向」をもたせていますが、「Smalltalk」の要素を色濃く受け継いでいます。

＊

　「オブジェクト指向プログラミング」の考え方は、今となっては多岐に亘りますが、いずれも言葉どおりの「オブジェクト」という概念に基づく「プロラミングパラダイム」となります。

「プログラミングパラダイム」における禁じ手

　たとえば、「構造化プログラミング」においては、「BASIC」で多用せざるを得ない「GOTO文」の濫用は「禁じ手」とされます。

　これは、「構造化プログラミング」の存在意義に根ざすものだからです。
*
　各「プログラミングパラダイム」では、それに沿ったプログラミングや設計が推奨されるので、それらに反することは禁じ手と言えます。

　この問題は思ったよりも根深く、場合によっては設計にも影響が出る場合があるので、設計段階で早期に「プログラミングパラダイム」を意識する必要が出てくる可能性があります。

マルチパラダイム・プログラミング言語

　複数の「プログラミングパラダイム」に対応する（またはできる）言語を指します。

　代表的な言語とされるのは「C++」で、「JavaScript」や「C#」「Rust」も該当します。
*
　ターゲットとするシステムや目的で、どのような「プログラミングパラダイム」を採用するのがいいのかが、だいたい決まってきます。
　ただし、そのたびに異なる言語を使うのは、効率が良くありません。

　同じシステム内で言語が混在すると、プログラマーを集めるのが大変な上、その後の保守が、絶望的になります。

　そして、単一言語で複数の「プログラミングパラダイム」に対応できていれば、いろんな観点で効率が良くなり、問題解決力が上がります。

＊

　プログラミング言語を習得するにあたっては、「プログラミングパラダイム」を意識することでその精神を理解しやすくなることでしょう。

　また、歴史的経緯を追うことで、その言語が何を得意しているのかも分かるかもしれません。

＊

　現在は、多くの言語が「マルチパラダイム言語」なので、使っている言語のパラダイムを今一度確認するのは良いことですし、得意とする言語がもつ「プログラミングパラダイム」と同じ言語を習得するのは、意外と容易でしょう。

　そこで何か気づきが得られるかもしれません。

　技術的な引き出しは多くもつにこしたことはないので、積極的にチャレンジしましょう。

■ 参考文献
＊1:Wikipedia「プログラミングパラダイム」の例

マルチパラダイム・プログラミング言語
思想をもってプログラムを書く

世の中の「パラダイム」はバズワード的ですが、プログラミングの「パラダイム」は「思想」に近い意味があると思います。

その上で、「マルチパラダイム」である必要とはなんでしょうか。

「パラダイム」の具体例を紹介していきます。

■ 清水美樹

プログラミングの「パラダイム」

■「パラダイム」とは

●もともとは「科学史」の用語

世の中ではよく「パラダイム・シフトが必要だ！」などと叫ばれていますが、「パラダイム」とはギリシャ語で「見えるもの」を「決定する」という意味をもつそうです。

1960年代に、ある「科学史」の著書でこの用語が使われたのが、今のような使われ方のきっかけになりました。

科学の「一定のものの見方が支配的な時代」を「パラダイム」という単位で区分したのです。

もっとも顕著な例が「天動説から地動説」への「パラダイム・シフト」でしょう。

しかし、読者の誤解を多く招いたため、のちに著者自身が撤回したそうです。

●「プログラミングのパラダイム」とは

一方、「パラダイム」という考えをプログラミングの中で使うのは、わり

と分かりやすいでしょう。

　自然科学とは異なり、プログラミングの言語仕様はゼロから定義できますし、動作環境も「コンピュータ」という、共通かつ限られた仕組みの中です。

　すでにある事象を「見る」というよりは、ゼロから「作る」「行なう」のがコンピュータ。

　「作り方・行ない方の思想」が「プログラミングのパラダイム」だと呼んでいいでしょう。

■ プログラミングの「パラダイム」の例

●構造化プログラミング

　今のプログラミングはほとんどが「構造化」されているので、「非構造化」の説明を先にしたほうが早いでしょう。

　「非構造化」という「パラダイム」では、一行一行の内容が独立していて、上から下へ処理を進めます。

　各行には「番号」を付けておき、「分岐」や「繰り返し」では、「GOTO命令」でその行へジャンプします。

　それに対して、「データの記述」「処理の記述」などを、意味が切れない「文の集まり」にまとめて書いていくのが、「構造化」という「パラダイム」です。

　「if / for ブロック」「関数」「クラス」「メソッド」などを用いてプログラムを組み立てるので、実行時の処理が遠くの行へ飛んだり、また戻ったりします。

今は、「GOTO」文の使用は奨励されていません。

「パラダイム」が「構造化」へとシフトして、前の「パラダイム」は、今の「パラダイム」に「非」をつけて呼ばれるようになったわけです。

●オブジェクト指向

これは想像しやすいと思います。

「クラス」から「オブジェクト」が生成され、「メソッド」を呼び出して処理をしていくプログラミングです。

●関数型

「関数指向」と呼ばないのは、「オブジェクト指向」で初めて「指向」と言う用語が使われたからです。

1980年代に「オブジェクト指向」がパラダイム化するほどに広がるまでは、プログラミングの構造化には、「関数」が使われていました。

関数の特徴を意識して用いるプログラミングは、「関数型」と呼ばれるようです。

●手続き型

「手続き」でないのは、「構造体」「クラス」「オブジェクト」などの「データの記述」です。

ただし、どんなプログラミングでも、まったく「手続き」を記述しなければ処理ができませんから、ほとんどのプログラミング言語は、たとえば、「手続き型と関数型のマルチパラダイム」と言うことになります。

●ジェネリック・プログラミング

「ジェネリック・プログラミング」はかなり狭い範囲での「パラダイム」ですが、新しい考え方であることと、プログラミング言語によって「採用

する/しない」の方針がハッキリしているので、「パラダイム」に数えられているようです。

データの定義や処理に「データ型」を特定しない書き方です。

たとえば、「引数」や「戻り値」を文字列にも数字できるとか、一つのクラス定義から異なる「データ型」のオブジェクトを作れるように定義します。

「マルチパラダイム」とは

■ 単一の「パラダイム」はむしろムリ

●科学で言えば

以上、「パラダイム」について解説しましたが、実際に、一つの「パラダイム」で世の中が動いていくことはできません。

地動説に「パラダイム・シフト」したはずの今でも、天文台は「日の出、日の入り」のデータを提供して、我々はなにかと参考にしています。

●プログラミングで言えば

「パラダイム」の定義が簡単なプログラミングでさえ、一つの「パラダイム」で何もかも押し切ろうとすると、かえって面倒になります。

すでに「手続き型」という「パラダイム」は実質的に普及しているプログラミング言語全てに当てはまると述べたとおり、なにかしらの「マルチパラダイム」であると言っていいでしょう。

●特に「マルチ」と呼ばれるのは

その中で、本記事であえて「マルチパラダイム」と呼ぶのは、対立的、対照的な「パラダイム」を両方取り入れたり、新しい「パラダイム」を明確な意志をもって導入したりした言語です。

*

「マルチパラダイム」の元祖と言えば、「C++」であると言えます。

「C言語」も使えるようにしながら、いろいろな「パラダイム」を取り込んで進化し続けていますが、複雑すぎるので今回は割愛します。

*

本記事では、後発のもっと分かりやすい言語で、以下の例を紹介します。

・初めから「オブジェクト指向」と「関数型」を取り入れて設計している「Ruby」
・あとから関数型プログラミング「ラムダ式」を取り入れた「Java」
・プロトタイプベースの「オブジェクト」を記述するが、あとから「クラスベース」も取り入れた「JavaScript」

・創始時には「ジェネリック・プログラミング」を採用しない方針だったが、あとから取り入れた「Go」
・「関数型」「オブジェクト指向」の両方の仕様を備えた「Python」のライブラリ「Matplotlib」

「Ruby」のマルチパラダイム

■「Ruby」の「オブジェクト指向」

● 整数は「オブジェクト」、演算子は「メソッド」

2に3を足す式を「Ruby」で書くと、リスト2-2-1のようになります。

リスト2-2-1　「2に3を足す式」

```
2+3
```

他の言語とまったく変わらないようですが、実はリスト2-2-2の省略形です。

リスト2-2-2　正式な「2に3を足す式」

```
2.+(3)
```

リスト2-2-2は、「Integer クラスのオブジェクト2が、メソッド＋を呼び出す。引数は3」と解説されます。

■「Ruby」の「関数」パラダイム
● トップレベルは関数で記述

リスト2-2-1とリスト2-2-2をそれぞれコンソールに出力させるプログラムは、リスト2-2-3で完成です。

「add23.rb」というファイル名で実行してみてください。

リスト2-2-3「add23.rb」

```
puts(2+3)
puts(2.+(3))
```

リスト2-2-3の実行結果

```
5
5
```

リスト2-2-3のような簡単な書き方ですむのは、「puts」が「関数」だからです。

といっても、実は特別なメソッドで、「トップレベル」(最初に実行される内容)のためにこのような関数的な使い方ができるように備えられています。

＊

このように、「Ruby」は最初の設計から「オブジェクト指向」と「関数型」を両方取り入れて、文法を体系的に、かつ書きやすくしているのです。

■「Ruby」の「関数オブジェクト」

●「オブジェクト」としての「関数」

「Ruby」ほか、「オブジェクト指向」と「関数型」のマルチパラダイムをとる言語では、「関数」を「オブジェクト」として扱います。

●3回繰り返すプログラム

「関数オブジェクト」は他のメソッドの「引数」として渡せます。

リスト2-2-2で見たように、「Ruby」では数値も「オブジェクト」としてメソッドを呼び出せます。

そのメソッドの中に「times」があります。

そして、「times」の引数は「関数」です。

*

リスト2-2-4を「repeat.rb」という名で保存して実行してみましょう。

リスト2-2-4　「repeat.rb」

```
3.times{
 puts("ケロ")
}
```

リスト2-2-4では、「3」がメソッド「times」を呼び出しています。

「times」のあとは、{}で囲まれている「ブロック」のように見えますが、実はこれが「times」の引数に渡されている「関数オブジェクト」です。

引数なので「()」に入っているべきですが、省略が許されています。

リスト2-2-4　の実行結果

```
ケロ
ケロ
ケロ
```

＊

　このようにして、「Ruby」では、「オブジェクト指向」を徹底しながら、記法の省略によって、従来の記法のように見せています。

「Java」のマルチパラダイム

■「Java」の「オブジェクト指向」

●「クラスの定義」のみからなるプログラム

　「Java」には「トップレベル」がなく、プログラムは「クラスの定義」のみで構成されます。

　そこで、「Java」で「2+3」をコンソールに出力させるプログラムは、リスト2-2-5のようになります。

リスト2-2-5　「Java」で「2+3」の結果を出力

```java
package twothree;

public class Twothree {
    public static void main(
    String[] args) {
        System.out.println(2+3);
    }
}
```

　「Java」の実行時には、プログラム全体が「オブジェクトとして生成され、「main」メソッドが最初に呼び出されます。

そのため、以下のような必要が生じ、プログラムは長くなります。

・クラス名が他と重複しないようにパッケージ名が必要。
・最初に呼び出される「main」メソッドが必要。
・出力には、標準出力のオブジェクト「System.out」がメソッド「println」
　を呼び出す。

●「オブジェクト指向」から外れる点もあり

　一方で、「Java」には「オブジェクトでないデータ型」もあります。

　「2」や「3」のような数値は、「プリミティブ型」で、データサイズだけを
情報としてもちます。
　一方、「+」は「演算子」という記号です。

　このように、完全な「オブジェクト指向」パラダイムからは外れるとこ
ろがあります。

■「Java」の「関数」パラダイム
●「Java8」から導入された「ラムダ式」

　そんな「Java」ですが、2014に発表された「Java8」で、はじめて「関数
プログラミング」に相当する「ラムダ式」を導入し、大変な好評を得ました。

　「ラムダ式」は、リスト2-2-6のようなものです。

リスト2-2-6　「Java」の「ラムダ式」の例

```
(a, b)->System.out.println(a+b)
```

　引数a,bから、「a+b」の計算を行なって書き出す関数です。
　「型定義」も省略できます。
　ただし、実際の使い方は**リスト2-2-7**のようになり、あまり簡単ではあ
りません。

リスト2-2-7　「ラムダ式」の実際の使い方

```java
package uselambda;

public class UseLambda {
    interface MyFunc{
        public void add(int a, int b);
    }
  public static void main(
  String[] args) {
        MyFunc fun =
  (a, b)->System.out.println
    (a+b);
        fun.add(2, 3);
    }
}
```

「JavScript」のマルチパラダイム

■ 「JavaScript」の「オブジェクト」とは

● 「JavaScript」の「関数」

「JavaScript」は、リスト2-2-8のように関数を記述します。

これは、ブラウザで「アラートウィンドウ」を出す典型的なテストプログラムです。

リスト2-2-8　「JavaScript」の典型的な関数記述

```javascript
function doAlert(){
  alert("典型的")
}
```

●「JavaScript」のオブジェクト

　「JavaScript」で「オブジェクト」と呼んでいるのは、**リスト2-2-8**のように属性にデータを設定ずみのものです。

　ただし、「関数」もやっぱり「オブジェクト」であり、属性値として与えることができます。

　リスト2-2-8は、本のタイトルと、その中で面白い内容のページを紹介するものです。

リスト2-2-8　「JavaScript」の「オブジェクト」

```
const book={
 title: "パラダイム・ロスト",
 comment: function(pages){
   return this.title+
   "の"+
   pages+
   "ページ目がおもしろい";
 }
}

function doAlert(){
 alert(book.comment(58)); }
```

This page says

パラダイム・ロストの58ページ目がおもしろい

OK

図2-2-2　リスト2-2-8の関数「doAlert()」を実行した結果

● プロトタイプベース

リスト2-2-8の「オブジェクト」は、「オブジェクト指向」と別の発想ではありません。

むしろ、もっと古くからあった、「クラス」を廃した「プロトタイプベース」のオブジェクトです。

枠組みだけの「クラス」を定義して、そこから初期化して「オブジェクト」を作成……という手順を踏まなくても、「オブジェクト」を一つ作って、そこから同じ形で属性の値が異なる別の「オブジェクト」を複製していきます。

「プロトタイプベース」は「パラダイム」として扱われていないようですが、「JavaScript」の登場時には「パラダイム・シフト」を目指したのではないでしょうか。

● 「オブジェクト」の複製

では、どうやって「プロトタイプベース」の「オブジェクト」を複製するのでしょうか。

リスト2-2-8のオブジェクト「book」と形は同じで、属性「title」だけが異なる新しいオブジェクト「note」を作ってみましょう、**リスト2-2-9**のようにします。

リスト2-2-9 「プロトタイプベース」の「オブジェクト」の複製方法

```
let Book=function(title){
 this.title=title;
 }
Book.prototype=book;
let note=new Book("ロータス・ノート");
```

　リスト2-2-9で、「関数オブジェクト」に備わっている属性「prototype」の値に、複製元のオブジェクトを渡します。

　ですから、**リスト2-2-10**に見られるような典型的な「JavaScript」の処理は、もとから備わっている「オブジェクト」を複製したり、複製した「オブジェクト」の属性を変更しているのだと分かります。

リスト2-2-10　「オブジェクト」を複製したり、複製した「オブジェクト」の属性を変更している

```
let today= new Date()
....
element.innerHTML="OK"
```

■「JavaScript」でも「クラス」が定義できる
●「ES6」から可能に

　それでもやっぱり、**リスト2-2-9**で行なったような「オブジェクト」の複製法は煩雑と受け取られたようです。

　2015年に策定された「ES6」と呼ばれる仕様から、「JavaScript」でも他の「オブジェクト指向プログラミング」と同じように、「クラス」を定義して「オブジェクト」を作成できるようになりました。

　こうして「JavaScript」は、「プロトタイプベース」「クラスベース」の「オブジェクト指向」、そして「関数型」と、3つの「パラダイム」をもつようになったと言えるでしょう。

＊

　加えて、「手続き型」もあります。
　なかなかのマルチぶりです。

「Go」のマルチパラダイム

■「Go」の関数とメソッド

●「Go」のデータ記述は「構造体」

Googleによって開発されたプログラミング言語「Go」は、「C言語」を
ベースにしているので、データの記述も「クラス」ではなく、**リスト2-2-11**
のように定義する「構造体」です。

リスト2-2-11　「Go」の「構造体」

```
type book struct {
  title string
  page int
}
```

●「Go」の「関数」

「Go」は基本的に「関数型」です。

たとえば、**リスト2-2-11**の「構造体」に対して、リスト2-2-12のような
「関数」を用います。

リスト2-2-12　「構造体」を用いる「関数」

```
func comment(b book) string {
  return b.title+"の"+
  strconv.Itoa(b.page)+
  "ページが面白い"
}

func main() {
  b := book{"GoGoパラダイム", 42}
  fmt.Println(comment(b))
}
```

●「Go」の「メソッド」

　「Go」では「クラス」を定義しませんが、「メソッド」も定義できるのが「C」と違うところです。

　変数を「引数」として渡さず、処理を呼び出す形にできます。

　リスト2-2-12の内容をそのまま「メソッド」で表わすと、リスト2-2-13のようになります。

リスト2-2-13　「comment」を「メソッド」として定義

```
func (b book) comment() string {
  return b.title+"の"+
  strconv.Itoa(b.page)+
  "ページが面白い"
}
func main() {
  b := book{"GoGoパラダイム", 42}
  fmt.Println(b.comment())
}
```

■「Go」の「ジェネリック」

●「ジェネリック」の例

　他のプログラミング言語ではすでに取り入れられている「ジェネリック・プログラミング」ですが、「Go」では言語の創始当時、「プログラムを複雑にする」という理由で採用しない方針を明らかにしていました。

　しかし、要望が多かったらしく、「Go1.18」から採用になりました。

　リスト2-2-14は、「Go」による「ジェネリック・プログラミング」の例です。
　関数「head」は、配列の要素のデータ型にかかわらず、とにかく配列の最初の要素を戻します。

リスト2-2-14 「Go」の「ジェネリック・プログラミング」

```
package main

import "fmt"

func head[T any](s []T) T {
// とにかく配列の最初の要素を戻す
  return s[0]
}

func main() {
  // 整数でも
  si := []int{2, 4, 6, 8}
  fmt.Printf("最初は%d\n",
    head(si))

  // 文字列でも
  ss := []string{"ヒヒン", "ワン",    "ニャオ"}
  fmt.Printf("最初は%s\n",
    head(ss))
}
```

リスト2-2-14の実行結果

```
最初は2
最初はヒヒン
```

●「ジェネリック」でも値の種類に制限

「ジェネリック」で「プログラムが複雑になる」という理由は、処理のできない「データ型」の値を与えてしまったときに、エラーになる危険があるからです。

リスト2-2-14では、関数「Printf」で整数を書き出すか文字列を書き出すかで、処理の記述が異なっており、そこは「ジェネリック」にはしていません。

そこで、「Go」では「ジェネリック」といっても、ある程度渡すデータの種類を制限できます。

リスト2-2-14では、ジェネリック関数「head」の引数「T」の規制は「any」で、何でもいいことにしてありますが、**リスト2-2-15**のように「comparable」で規制すると、等価や大小の比較ができるデータの種類に限られます。

リスト2-2-15　引数のデータの種類を「comparable」に規制

```
func someFunc[T comparable](x []T,) {
 //.....
}
```

「Python」のマルチパラダイム

■「Python」の「関数」

●なにかに3を足す「関数」

「Python」も、「関数」と「オブジェクト指向」の「パラダイム」でプログラミングを行なえます。

リスト2-2-16は、なにか（整数）に「3」を足す関数の定義と、その実行例です。
「5」が出力されます。

リスト2-2-16 「python」の関数例

```
def add3(a):
    return a+3

#2に3を足す
print(add3(2))
```

●「Python」の「パラダイム・シフト」?

2008年に「Python3」が登場したとき、それまでの「Python2」との間に、大きな変化がありました。

リスト2-2-16でも用いた「print」は、「Python2」では関数ではなく「キーワード」で、リスト2-2-17のような「print文」で出力をさせていました。

リスト2-2-17 「Python2」での「print文」

```
print add3(2)
```

しかし、「Python3」からは「関数」として、「引数」をカッコで入れなければなりません。

「必要がなくなる」変化なら歓迎ですが、「必要になる」変化は厄介なものです。

「Python2」に慣れていた人は、「Python3」で出力をさせるたびに、「カッコのあるなし」という「パラダイム・シフト」に直面したのではないでしょうか(筆者はしました)。

■「Python」の「クラス」と「メソッド」

●なにかに「3」を足す「クラス」

一方、なにかに「3」を足すメソッド「add」を呼び出せる「オブジェクト」を作ってみましょう。

クラス「N_adder」の定義は、**リスト2-2-18**のように書けます。

リスト2-2-18　「python」での「クラス定義」

```python
class N_Adder:
    def __init__(self, n):
        self.n=n
    def add(self, a):
        return a+self.n
```

「Python」の「クラス定義」では、インスタンスメソッドの「引数」に、「オブジェクト」自身である「self」を変数に入れなければなりません。

このルールがない「Java」や「C#」などに慣れていると、しょっちゅう間違えるのではないでしょうか。

他の言語から「Python」に移行すると、小さな「パラダイム・シフト」を迫られることが、たびたびあるようです。

しかし、「オブジェクト」の作成と「メソッド」の呼び出しは、**リスト2-2-19**のように他の「オブジェクト指向言語」と変わりません。

リスト2-2-19　「python」の関数例

```python
three_adder=N_Adder(3)
print(three_adder.add(2))
```

■「Matplotlib」の見事なマルチパラダイム
●「関数的な書き方」と「メソッド的な書き方」

「Python」でグラフを描画する有名なライブラリ「Matplotlib」では、同じ目的の「関数」と「メソッド（「Axis」などのクラスで定義）」が両方用意されています。

リスト2-2-20とリスト2-2-21で作られるのは、「タイトル文字列」以外はまったく同じグラフです。

リスト2-2-20 「Matplotlib」の「関数」でグラフを記述

```python
import matplotlib.pyplot as plt

#全部pyplotモジュールの関数
plt.figure(figsize=(4,6))
plt.plot(x, x**2, label ='Sample')
plt.xlabel('X')
plt.ylabel('X*X')
plt.title("Function paradigm")
plt.legend()
```

リスト2-2-21 「Matplotlib」の「メソッド」でグラフを記述

```python
#これは関数
fig, ax = plt.subplots(figsize=(4,6))

#全部axオブジェクトが呼び出すメソッド
ax.plot(x, x**2, label ='Sample')
ax.set_xlabel('X')
ax.set_ylabel('X*X')
ax.set_title("OO-paradigm")
ax.legend();
```

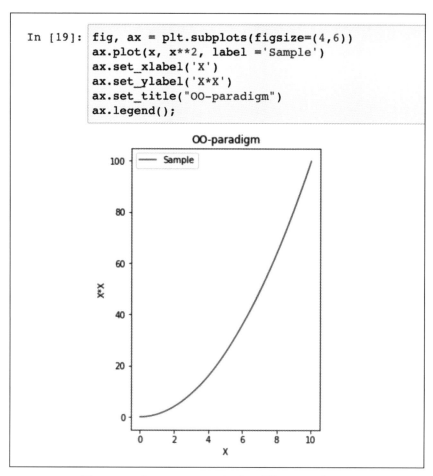

```
In [19]:  fig, ax = plt.subplots(figsize=(4,6))
          ax.plot(x, x**2, label ='Sample')
          ax.set_xlabel('X')
          ax.set_ylabel('X*X')
          ax.set_title("OO-paradigm")
          ax.legend();
```

図2-2-3　リスト2-2-21のほうで描画したグラフ

リスト2-2-20でも、まったく同じグラフが描ける。

マルチパラダイムのまとめ

■ 「マルチ」の中心はオブジェクトVS関数

　以上の例に示したように、「マルチパラダイム」の話題の多くは、「オブジェクト指向」と「関数型」両方の採用です。

■「パラダイム」を混在させない

実際にプログラムを書くとき、「パラダイム」を混在させるのは好ましくありません。

たとえば、「Python」でグラフを複数書くのに、あるグラフは「関数」で、他は「メソッド」でと、まちまちな書き方では混乱がおこります。

また、「JavaScript」で「オブジェクト」を一つしか作成しないのであれば、わざわざ「クラス」を定義するより、「プロトタイプベース」で充分と考えられます。

＊

プログラミングの「パラダイム」は、「プログラミングの思想」に相当しますから、思想をもってプログラムを書きたいものです。

「マークアップ」と「マークダウン」
プログラミング言語とは役割が違う

> Webページを構成する「HTML」は、もっとも基本的な「マークアップ言語」として広く知られています。
>
> 昨今、会議の議事録や社内ドキュメント、自分用メモなど、「マークダウン言語」が使われることが多くなってきました。
>
> 本稿では、両者の違いと、「マークダウン言語」の活用について解説していきます。

■ なんやら商会

マークアップ言語

■「マークアップ言語」って何？

　「マークアップ言語」とは、「視覚表現」や「文章構造」、「データ構造」などを記述するための「形式言語」です。

　主に「テキストベース」で記述されますが、一部には「バイナリ形式」のものもあります。

●数式や組版に強い「TeX」(テフ)

　アメリカのコンピュータ科学者、ドナルド・クヌース (Donald E. Knuth)氏が開発したフリーの「組版システム」です。

　「文字や図版などの要素を紙面に配置する」という作業をコンピュータで行なうために使われ、商業出版にも利用可能な強力な組版機能があります。
　特に、ワープロソフトなど一般的な文書作成ソフトの多くが苦手とする、複雑な数式の記述に関する機能が充実しているため、科学技術系の論

文や専門書の組版によく用いられます。

●Webページを表現する「HTML」

「HTML」(HyperText Markup Language)は、「ハイパーテキスト」を記述するための「マークアップ言語」の1つで、ウェブページを表現するために用いられます。

「ハイパーリンク」や画像などのマルチメディアを埋め込む「ハイパーテキスト」としての機能、見出しや段落といった「ドキュメントの抽象構造」、フォントや文字色などの「見た目の指定」、といった機能があり、Webコンテンツを表示させる基本技術です。

*

当初、「World Wide Web Consortium」(W3C)の専門委員会にて標準化を策定していました。

しかし、2021年1月28日以降は、「Apple」「Mozilla」「Opera」の3社によって設立された「WHATWG」によって策定された、「HTML Living Standard」が有効な後継規格として案内されました。

●構造化された文書やデータの共有が容易な「XML」

「XML」(eXtensible Markup Language)は、基本的な構文規則を共通とすることで、任意の用途向けの言語に拡張することを容易としたことが特徴の「マークアップ言語」の総称です。

*

異なる情報システムの間で、特にインターネットを介して、「構造化された文書」や「構造化されたデータ」の共有を、容易にするために活用されています。

「XML」を使うと、文書を構造化して記述でき、コンピュータのデータを直列化（シリアライズ）する用途で、「JavaScript Object Notation」

(JSON)や「YAML」などに利用されています。

●「HTML」と「XML」の違い

　「HTML」は、Webページを記述するための言語で、使うタグはあらかじめ定義されているのに対して、「XML」は、データ交換のための汎用のデータ形式で、ユーザーが新しくタグを定義して、データの意味や構造を記述することが可能です。

■　プログラミング言語とは役割が違う

　プログラミング言語は、

・ユーザーが入力した数字をもとに、金額計算を行なう。
・ユーザーデータを企業サーバへ保存する。
・ログイン処理を行なう。

など、その場で読み込まれ、条件をもとに計算を行ない、結果を出力するような動的な場面で使われます。

　これに対して「マークアップ言語」は、

・ブラウザが読み込み画面を表示
・「JSON」で読み込まれ、その情報をプログラム処理される。

などの、文章の意味合いの分類、そして文章を構造化し、書かれた内容をそのままコンピュータが読み込むのがポイントです。

「マークアップ言語」の具体例（HTML）

　「マークアップ言語」の代表例として、「HTML」の記述方法の一部を紹介します。

＊

　インターネットが普及するきっかけとなった、「World Wide Web」（ワールド・ワイド・ウェブ、略名：WWW）の基本技術で、「テキストエディタ」が使えれば、誰でも作れますが、近年は専用の作成ツールと併用する

ことが一般的です。

　ここでは、「サンプル・ソース」と、そこで使われるタグを中心に解説します。

```
1  <?xml version="1.0" encoding="UTF-8"?>
2  <!DOCTYPE html PUBLIC "-//W3C//DTD XHTML 1.0 Transitional//EN"
3                 "http://www.w3.org/TR/xhtml1/DTD/xhtml1-transitional.dtd">
4  <html xmlns="http://www.w3.org/1999/xhtml" xml:lang="ja" lang="ja">
5  <head>
6  <meta http-equiv="Content-Type" content="text/html; charset=utf-8" />
7  <meta http-equiv="Content-Style-Type" content="text/css" />
8  <meta http-equiv="Content-Script-Type" content="text/javascript" />
9  <title>あなたのＨＰタイトル</title>
10 <meta name="keywords" content="ページのキーワードA,B,C" />
11 <meta name="description" content="ページの説明" />
12 <link rel="stylesheet" href="index.css" type="text/css" />
13 </head>
14 <body>
15 <div id="outer">
16 <div id="header"><div id="head-inner"><h1>タイトル</h1>
17 <p class="description">説明文</p></div>
18 </div>
19 <div id="contents">
20 <h2>記事ページ見出し・大</h2>
21 <p>見出し大・文章あれこれ</p>
22 <h3>記事ページ見出し・中</h3>
23 <p>見出し中・文章あれこれ</p>
24 <div style="text-align: center">
25 <img src="https://www.kohgakusha.co.jp/bookimages/4701l.jpg" width="25%"/>
26 </div>
27 <h4>記事ページ見出し・小</h4>
28 <p>見出し小・文章あれこれ</p>
29 <a href="https://www.kohgakusha.co.jp/">工学社へのリンク</a>
30 </div>
31 <div id="middle">
32 <div class="side-title">menu</div>
33 <div class="side">
34 <ul>
35 <li>箇条書き１</li>
36 <li>箇条書き２</li>
37 </ul>
38 </div>
39 </div>
40 <div id="footer">フッター</div>
41 </div></body>
42 </html>
```

図2-3-1　HTMLサンプル・ソース

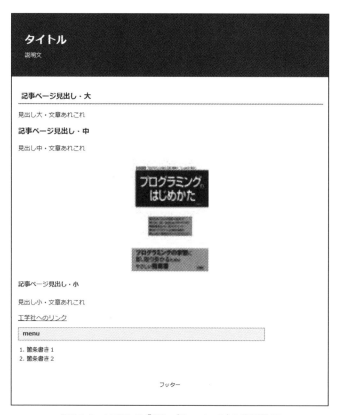

図2-3-2　HTMLの「サンプル・ソース」の表示結果

■ HTMLタグの解説

●記述方法

　「タグ開始タグ（<xxx>）」「内容」「終了タグ（</xxx>）」の3つから構成され、それらをネスト（入れ子）上に記載していくルールとなっています。

表2-3-1 基本構造を表わす要素

タグ名	用 途
\<html\>	HTML文章であることを宣言している基点(ドキュメントルート)を定義する。
\<head\>	HTML文書自身に関する情報(例:タイトルやスタイルシートに関する情報など)を指定する。
\<title\>	ウェブブラウザに表示させるタイトルを記述する。
\<meta\>	ページを記述する文字コードや、コンテンツに関する著者や期限やキーワードといった、メタデータを記載する。
\<body\>	HTML文書の本体部分を指定する。

表2-3-2 段組み

タグ名	用 途
\<div\>	タグで囲った要素をグループ化する用途の要素。 グループ化することで指定した範囲の背景や文字色の変更など、スタイル(CSS)を指定できる。
\<h1\> ～ \<h6\>	文章の見出しを示す。 h1が最上位で、h6が最下位の見出しとなる。
\<ul\>、\<li\>	"ul" で順序なしリストを示し、"li" 要素がリスト項目を示す。

表2-3-3 文章、画像

タグ名	用 途
\<p\>	文章中の段落を定義する。
\<img src="*"\>	文章中にイメージ画像を挿入する。
\<a href="*"\>	URLリンクを定義する。

「マークアップ言語」の問題点

「HTML」の普及当初は、文書作成はなんでもかんでも「HTML」にできるのでは、という流れがありました。

しかし、「HTML」が拡張されるにつれ、覚えるべきタグの種類が多かったり、記述方法を理解したりと、習得する上で大変な点が多くなりました。

　また、WEBサイト（サービス）の中で、「書きやすくて読みやすいプレーンテキストを記述したい」などの、ニーズに合わせ、「マークダウン言語」と呼ばれるものが派生しました。

マークダウン言語

■「マークダウン言語」って何？

　"書きやすくて読みやすい「プレーンテキスト」として記述した文書を、妥当な「XHTML」（もしくは「HTML」）文書へと変換できるフォーマット"として、ジョン・グルーバー（John Gruber）により2004年に考案されました。

　「マークダウン言語」で記載された文章自体は「プレーンテキスト」で、テキストエディタでは、装飾は反映されません。
　しかし、装飾がなくても理解ができるように、記法に工夫が施されています。

「マークダウン言語」の書き方

　「マークダウン言語」は主に、文字を装飾するために用いられます。
　ここでは主なタグについて説明します。

表2-3-4　主な要素

タグ名	書き方
見出し	＃ 見出し1 ＃＃ 見出し2 ＃＃＃ 見出し3
改行	改行したいところにスペースを2つ記載する。
リスト （ナンバリング）	1. xxx 1. yyy "1."を繰り返すと自動採番してくれる。

水平線	---
URLリンク	https://xxxx 普通に URL を記載
画像表示	![代替テキスト] (画像ファイル名 or URL)

■「VSCode」で簡単に作成

「マークダウン言語」を試すには、「Microsoft　Visual Studio Code」（以下「VS Code」）を使うのが、汎用的かつ簡単です。

導入の手順と、使い方を簡単に紹介します。

[手順]　「VSCode」の導入

[1]「VSCode」を入手、インストールする。
※他の記事が多くあるので詳細は割愛

[2] メニューバーの"表示 (V)"→"拡張機能"を表示。
　検索バーで"Markdown"と入力

[3]「Markdown All in One」をインストール。

図2-3-3　プラグインインストール画面

[4] インストール後、新規ファイル
を作成し、"言語の選択"をクリック、検索バーで"Markdown"をクリックする。

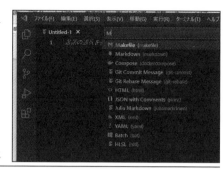

図2-3-4　「Markdown文書」作成

＊

　入力した結果は、以下のようになります。

　プレビュー画面を横に表示し、結果を確認しながら作れます。
　ファイル形式として、「.md」の拡張子で保存されます。

図2-3-5　VSCodeソース入力画面

　プレビュー画面は、画面右上のボタン（矢印）をクリック、もしくは[CTRL] ＋ [K,V]ボタンを押す

図2-3-6　「VSCode Markdown」プレビュー画面

「マークダウン言語」の活用事例

「マークダウン言語」が活用されているツールを、いくつか紹介します。

■ Git Hub

オープンソースのプログラムの公開や、開発現場でのソースコードの管理で広く活用されている、著名な「ソース管理システム」です。

ここのトップ画面の説明文書などで「マークダウン言語」が使われています。

図2-3-7 「GitHub」での事例
著名なHDD/SSD監視ソフト「Crystal DiskInfo」の公開画面

■ Redmine

「Redmine」はオープンソースでWebベースの「プロジェクト管理ソフトウェア」です。

「課題管理」「ガントチャート」「リポジトリブラウザ」「Wiki」「フォーラム」など、プロジェクトの運営を支援するためのさまざまな機能を備えており、多くの開発の現場で活用されています。

「Redmine」の説明入力部分は、若干「Redmine」独特の方言はありますが、「マークダウン言語」が利用できるようになっています。

図2-3-8 Redmineの利用画面
https://my.redmine.jp/demo/

107

図2-3-9　チケット（課題）の入力画面事例

「マークダウン言語」を使用

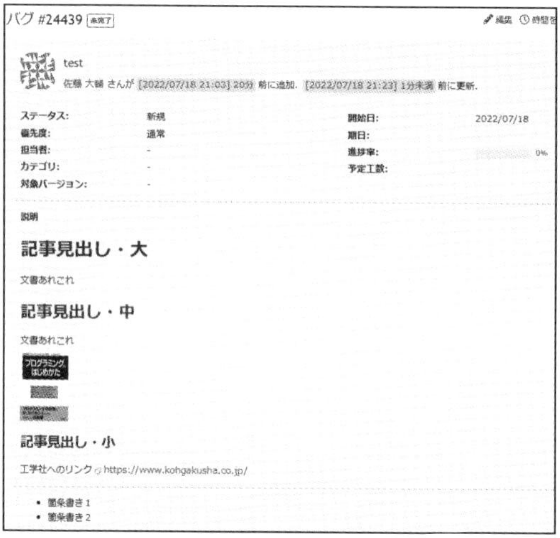

図2-3-10　チケット入力結果

*

　「マークダウン言語」は、今のところはシステム開発の現場で活用されることが多いですが、今後、活用範囲が広がっていくと考えられます。

　うまく活用できると、分かりやすい文書を作ることができ、職場内でちょっと自慢できるのではないでしょうか。

## 第3章

C言語、「昔話」から「現代」への物語

　大学時代はずっと「C言語」を使っていて、大学卒業後に電気メーカーに就職してからも、ずっと「C言語」を使っていました。

　20年勤務した会社を退職して、独立起業してからもC言語は使い続けています。

　私にとって、「C言語」は、日本語と同等に使ってきているので、第2の母国語であると言えましょう。

*

　本章では、「C言語」の「昔」と「今」について、私の経験を元にお話をしていきます。

■ 平田　豊

3-1 「C言語」との出会い

　「C言語」を使うようになってから、かれこれ25年以上になります。

　当時のプログラマーの誰もが学んできた「C言語」について、自分のプログラミングの歴史に沿って紹介していきます。

まずは独学で始めたプログラミング

　大学一回生のとき（1994年）、「情報処理技術者試験の第二種」（今の基本）の試験勉強をしたときに、C言語を初めて知りました。

　参考書を読んだだけだったので、はじめは"チンプンカンプン"でした。

　さすがに自分でコードを書いてみないことには始まらないので、大学二回生（1995年）になってから、独学でプログラミングを始めることにしました。

　大学の授業でも予定されていましたが、三回生にならないと講義が用意されていなかったのです。

　それまで待ちきれなかったので、自分で学習を始めた、というわけです。

＊

　大学時代はずっと「C言語」を使っていて、大学卒業後に電気メーカーに就職してからも、ずっと「C言語」を使っていました。

　20年勤務した会社を退職して、独立起業してからもC言語は使い続けています。

　私にとって、「C言語」は、日本語と同等に使ってきているので、第2の母国語であると言えましょう。

＊

　本章では、「C言語」の「昔」と「今」について、私の経験を元にお話をしていきます。

「C言語」は高級言語

　私が初めてパソコンを触ったのは高校一年のときでしたから、1991年のことです。

　ちょうど30年前です。

　NECの「PC-98」というパソコンで、電源を入れると真っ黒の画面となり、いきなりBASICでプログラミングできる状態になっていました。

　言い換えると、プログラミングがまったくできないと、パソコンを使う意味がないのです。

＊

　もっとも、ゲームソフトが入ったフロッピーディスクを装填した状態でパソコンの電源を入れると、ゲームが起動するようになっていたので、ゲームしかしない人には特に問題はありませんでした。

＊

　BASICは、「Beginner's All-Purpose Symbolic Instruction Code」の略ですが、ベーシック（基礎）という言葉から分かるように、初心者向けのプログラミング言語とされています。

　「ソースコード」を作ったら、すぐに実行して試すことができます。

　そう、私が使っていたBASICは、「インタープリタ方式」だったのです。

　「インタープリタ方式」だと、手軽にプログラミングができてよいのですが、プログラムの実行が遅くなるという課題がありました。

　そこで、BASICのプログラムの一部を機械語（アセンブリ言語）で記述する、という手法が流行っていました。

　「ゲームソフト」のようなスピードが命の製品では、「オール・アセンブラ」で実装されていることも一般的でした。

　つまり、プログラミングを学ぼうとした場合、「BASIC」か「アセンブ

ラ」しかないという、今ではちょっと考えられない状況でした。

＊

当時は、インターネットはまだなかったので、プログラミングに関する教材は書店か図書館にしかなかったわけですが、「BASIC」や「アセンブラ」の本ばかりでした。

パソコンOSの主流が「MS-DOS」になってきてからは、「これからはC言語だ」と盛んに言われるようになりました。

当時、「C言語」は「高級言語」と呼ばれていて、「BASIC」よりも高度なプログラミングができて、「コンパイル方式」なので、プログラムの実行速度も速いという特徴がありました。

また、C言語は「構造化プログラミング」が可能なので、「BASIC」や「アセンブラ言語」よりも、プログラムが書きやすいというメリットもありました。

「BASIC」と「アセンブラ」しかなかったところに、「C言語」が黒船としてやってきたので、みんなが飛び付きました。当然、そこに私も含まれていました。

初めての「C言語プログラミング」

私が初めてC言語でプログラミングをしたのは大学生のときでしたが、大学の演習室にあるパソコンやワークステーションを使っていました。

パソコンには「MS-DOS」というOSが搭載されていて、「C言語コンパイラ」は、「Turbo C」と「Quick C」が導入されていました。
「Turbo C」はBorlandの製品で、「Quick C」はMicrosoftの製品です。

最近では、Windowsで動く「Cコンパイラ」と言えば、Microsoft製品一

択ですが、当時はBorlandも人気があったのです。

とは言うものの、MicrosoftはOSを作っている企業でもあるので、当時からMicrosoftの製品のほうが強いという傾向はありました。
Borland製品のほうが安く買えたので、お金がない学生には有り難い存在だったのです。

「MS-DOS」は「Windows」とは違い、CUIベースのOSなので、コマンドライン操作が主体となるのですが、「Turbo C」や「Quick C」は、CUIを駆使したGUI操作が可能でした。
マウスも使えます。当時としては画期的なインターフェイスだったと思います。

ディスプレイの解像度が小さく、テキストで横80文字、縦25文字しかありませんでしたが、画面上で「ソースコード」を記述して、「ファンクション・キー」を押すことで「コンパイル」と「実行」ができたので、作業効率がよかったです。
「MS-DOS」は「Windows」ではないので、ディスプレイには1つの画面しか出すことができませんでした。

＊

当時のパソコンは、CPUのクロック周波数が12MHz前後であり、現代では数GHzであることから考えられないほど、CPUが遅かったのですが、「Turbo C」や「Quick C」ではコンパイル時間が数秒と短かったのです。

プログラミングを初めて学び出したころは、とにかくトライ＆エラーの連続です。
「ソースコード」を書いては、「コンパイル・エラー」を取り除き、プログラムを実行してうまく動かなければ、また「ソースコード」を手直しする。こうした作業の繰り返しです。

　プログラミングのスキルが上がっていくと、エラーの原因が瞬時に分かるようになってくるので、作業効率も桁違いですが、経験が浅いうちは、どうしても原因究明に時間がかかってしまいます。

人生初の読者投稿

　私が大学生のときに、MS-DOSで動くC言語のプログラムを作り、当時工学社が出版していた「Computer fan」というI/O別冊に読者投稿した

ところ、採用されたことがありました。

　学びの成果を、こうした目に見える形でアウトプットできたことは、自分にとっても自信につながりました。

図3-1-1　I/O別冊「Computer fan SPECIAL3」

3-2　「UNIX」と「C言語」

学生当時は、「UNIX」を使い「C言語」を学びはじめました。
「C言語」の学習をしはじめたころについて、お話します。

「ワークステーション」で「C言語」を使う

　大学時代の演習では、「パソコン」(MS-DOS)だけでなく、「ワークステーション」も使っていました。
　「ワークステーション」のOSには「UNIX」が搭載されていましたが、今どきの若者には、「ワークステーション」の話をしても通じないかもしれません。

＊

「ワークステーション」は、「マルチウインドウ・システム」であり、今で言う「Windows」のような使い方ができます。

当時はまだ「Windows95」が登場する前だったので、先生が、演習で「emacs」を「エディタ」として使っていました。

＊

そもそも、「UNIX」を使ったのは初めてだったのですが、「エディタ」が「vi」や「emacs」といったハードルが高いツールしかないのに驚きました。

それまで「パソコン」しか使ったことがなかったので、ちょっとした文章を書くだけでも大変です。

「emacas」になかなか慣れなくてマウスも使っていましたが、マウスを使うのは邪道だとよく言われていました。

しかし、キーボードだけだと作業効率がよくなかったので、仕方なかったのです。

＊

「emacs」を使って「C言語」のプログラムを書きます。

「プログラムのコンパイル」には、コマンドラインから、「cc」というコマンドを使います。

パソコン（MS-DOS）ではコマンドラインから操作することがなかったので、慣れるまで時間がかかりました。

しかし、使い慣れてくると、当時のパソコン（MS-DOS）よりも、「UNIX」のほうが使いやすいと感じました。

「マルチ・ウィンドウ」なので、「ソースコード」を見ながら、「コンパイル・エラー」や「実行エラー」の解析ができるからです。

＊

「ワークステーションで作ったC言語プログラム」は、「コマンドライ

115

ン」から実行するので、そのまま端末上で動くものとなります。

　そのため、「ユーザーがキー入力する」か、「printfを使って文字を表示する」か、ぐらいしかできなかったので、プログラミングとしては退屈でした。

＊

　「MS-DOSプログラミング」では、「グラフィックス」の表示が比較的容易にできたので、見た目にもインパクトのあるプログラムが作れたのです。

　もちろん、「ワークステーション」でも、GUIを駆使した見た目にかっこいいプログラムを作ることはできます。

　ただし、そのためには「Xプログラミング」を覚える必要がありました。

　「X」は「X Window System」の意味です。

　しかし、この「Xプログラミング」が難解で、当時の私にはさっぱり理解できませんでした。

　そのころは、インターネット環境はあったものの、ネットに情報はありませんでした。

　「雑誌」と「書籍」だけが唯一の情報元となるのですが、書店にいっても「Xプログラミング」に関する本は見つかりませんでした。

　今なら、最寄りの書店になくとも、ネットで探すことができますが、当時は大学や自宅から出向くことができる書店がすべてという時代でした。

＊

　あれから20年以上が過ぎました。

　今なら、ネットや書籍に情報が豊富にありますし、プログラミングのスキルも学生時代より向上しているため、「Xプログラミング」を嗜（たしな）むことができます。

しかし、悲しいことに、今プログラミングできても意味がないのですよね。

「C言語」の学習方法

プログラミングの学習方法は、人それぞれで、いろいろありますが、私の場合は、独学ベースです。

当時はインターネットがまだ普及する前だったので、「雑誌」と「本」だけが頼りです。

オープンソースの文化もまだ浸透していませんでした。

＊

プログラミング言語を覚えるためには、言語仕様を参照することになりますが、C言語の仕様書は有料です。

実は、学生時代は、「C言語の仕様書を読む」という発想がなかったので、「仕様書を読む」ということが、学習の材料として入っていませんでした。

図3-2-1 日本規格協会のサイト
https://www.jsa.or.jp/
「C言語の仕様書」はここで購入できる。

「JISX3010」で検索すると、「JIS X 3010:2003 プログラム言語C」というページが出てきます。

定価は12000円（税別）です。個人で買うにはちょっと高いですね。

社会人になってから、会社が購入した規格書が社内で読み放題だったので、そのときに初めて仕様書を読みました。

図3-2-2　日本産業標準調査会 (JISC) のサイト
https://www.jisc.go.jp/index.html
印刷はできないが、閲覧だけなら無料。

　しかしながら、「C言語の仕様書」はお世辞にも読みやすいとは言えないので、予備知識もなしに読もうとしても、よく分からないと思います。

　最初は入門書を何冊か読んで、C言語の基礎を学ぶ必要がありそうです。

　今なら、ネットにも情報がたくさんあるので、昔と比べると独学をしやすい状況になっています。

＊

　文法を一通り学んだら、次は実際に動いているプログラムのソースコードを読みます。

　正直言って、他人の書いたコードは読めたものではありません。

　しかし、開発の現場では、他人が作ったソースコードをベースとするので、嫌でも読めるようにならないといけないのです。

　「C言語の学習」というよりも、「他人の作ったプログラム」を読解できるようになるスキルを習得するのが目的となります。

3-3 「C言語」の「歴史」と「規格」

C言語の「歴史」と「規格」について、長年開発現場で使ってきた筆者の観点からお話します。

「C言語」の歴史

「C言語」が誕生したのは1972年で、約50年前です。私が生まれる前なので、歴史が古いことが分かります。

一般的に、プログラミング言語は仕様ありきですが、「C言語」の場合、仕様が規定されたのは1989年になってからです。

それまで、C言語を使ってコーディングをする人は何を参考にしたかというと、「The C Programming Language」という本です。

この本は、C言語を作った人たち（カーニハンとリッチー）によって執筆されたので、略して「K&Rの本」とも呼ばれています。

C言語の仕様が規格化されるまで、この本を読んでプログラミングがなされていたので、このときに作られたプログラムのことを、「K&R Cによるコーディング」と言います。

換言すると、「"K&R C"は仕様書がないので、本に書いてあることが仕様である」ということになります。

本は第2版の改訂で、仕様に準拠するようになりました。

日本では「プログラミング言語C」（共立出版）という名前で、本が出版されています。

図3-3-1 「プログラミング言語C」（第2版）,共立出版

「C言語」の規格

1989年に規格化されたC言語のことを、「C89」また「C90」と呼びます。どちらも仕様としては同じです。

「C89」はANSIが策定して、「C90」はISOが策定したので、名称が変わっているだけです。

それまでの「K&R C」との対比で、「ANSI C」とも呼ばれます。

＊

それから10年後に、「C99」という規格ができました。1999年に策定されたので、「C99」という名称になっています。

＊

「C言語」を扱う開発現場では、「C89」が主体で、「C99」も使えるところもそれなりにある、といった感じです。

いまだに「C89しか使えない」という現場もあるので驚きです。

世の中にあるコンパイラは、たいてい「C89」と「C99」に対応しています。

＊

2011年に、「C11」という規格が出来ました。

今からもう10年前の規格ではあるのですが、「C11」に対応したコンパイラはさほど多くはないです。

サポートを謳っていたとしても、「C11」の全機能には対応していない場合もあります。

「gcc」は「C11」に早期から対応をしていますが、仕様のすべてを満たしているわけではありません。

「Visual C++」は、2020年末にようやくサポートされましたが、「gcc」と

同様、仕様のすべてを満たしているわけではないです。

＊

2018年に「C17」という規格ができましたが、仕様の内容としては「C11」と同じなので、「C11」と「C17」は同一である、と考えればいいです。

開発の現場で、「C11/C17」を使えるところは、限定されるのではないでしょうか。

そもそも、「C11/C17」の存在を知らないエンジニアも多いと思います。
私もつい最近まで詳細を知りませんでした。
そもそも仕事で使う機会もないので、特に知る必要もなかったから、というのが理由です。

「C99」と「C11」の仕様書

「C言語」の仕様書は有料で販売されており、「日本語版」は「C99」までとなっています。

「C99」と「C11」に関しては、英語ではありますが、PDFファイルが無償でダウンロードできるようになっています。

位置付けとしてはドラフトなのですが、内容としては同じです。

《C99》

http://www.open-std.org/jtc1/sc22/wg14/www/docs/n1256.pdf

《C11》

http://www.open-std.org/jtc1/sc22/wg14/www/docs/n1570.pdf

はじめての「C言語」プログラム

「The C Programming Language」(プログラミング言語C)の本で、最初に登場する「サンプル・プログラム」が以下になります。

[hello.c]

```
main()
{
    printf("hello, world\n");
}
```

プログラムをコンパイルして実行すると、端末に「hello, world」と表示されて、改行が1つ入ります。

私はずっと、末尾にピリオドが付いていたのかと思っていたのですが、改めて確認するとピリオドはありませんでした。記憶違い。

「gcc」(11.2.0)では多くの警告がでながらも、実行プログラムを作ることができます。

```
# cc hello.c
hello.c:1:1: warning: return type defaults to 'int' [-Wimplicit-int]
    1 | main()
      | ^~~~
hello.c: In function 'main':
hello.c:3:5: warning: implicit declaration of function 'printf'
[-Wimplicit-function-declaration]
    3 |     printf("hello, world\n");
      |     ^~~~~~
# ./a.out
hello, world
```

「VC++」(16.11.5)ではコンパイル・エラーになりました。

```
c:\> cl /nologo hello.c
hello.c
hello.obj : error LNK2019: 未解決の外部シンボル _printf が関数 _main で参照されました
hello.exe : fatal error LNK1120: 1 件の未解決の外部参照
```

3-4　C言語の「ヘッダファイル」
ビルドエラーの謎

「The C Programming Language」(プログラミング言語C)の本で、最初に登場するサンプル・プログラムは、「hello, world」を表示するだけのプログラムです。

これがきっかけで、C言語に限らず、初めてプログラミング言語を学ぶときは、最初に「hello, worldを表示する」プログラムを作るのが慣習になりました。

[hello.c]

```
main()
{
    printf("hello, world\n");
}
```

しかし、上記のプログラムは、「gcc」ではビルドできるものの、「VC++」ではビルドができません。

実は、前述の本の第2版では、以下のように、プログラムが一部変更になっているのです。

[hello2.c]

```
#include <stdio.h>

main()
{
    printf("hello, world\n");
}
```

　修正版のプログラムでは、「VC++」でビルドが通るようになります。

```
c:\>cl /nologo hello2.c
hello2.c
c:\>hello2
hello, world
```

「includeヘッダ」の役割

　2つめのプログラムでは、「#include <stdio.h>」という一行が追加され
ていますが、この意味としては、「stdio.h」というファイルをその位置に展
開する、という説明になります。

　「stdio.h」のように拡張子が「.h」のファイルのことを「インクルード
ヘッダ」と呼びます。

　ファイルの実体としては、テキスト・ファイルであり、プログラムの
ソースコードの一部になります。

＊

　「#include」のようにシャープで始まる記述のことを、「プリプロセッサ
命令」(Preprocessing directive)と言います。

　コンパイラの役割は、ソースコードを機械語に変換することですが、プ
リプロセッサ命令を使うことで、ソースコードそのものを変更するとい

う意味合いになります。

＊

以下に、例を示します。

[main.c]

```
#include <stdio.h>

main()
{
    int n = 0;

    #include "fake.c"

    printf("%d\n", n);
}
```

「#include」で「fake.c」を指定しています。

[fake.c]

```
n++;
```

「#include」で指定するファイルは、拡張子「.h」でなくても可です。

このプログラムは、下記と同等の意味をもちます。

```
#include <stdio.h>

main()
{
    int n = 0;
```

```
    n++;

    printf("%d\n", n);
}
```

「Visual C++」での確認

それでは、「stdio.h」はいったいどこから取得しているのでしょうか？

「VC++」のコマンドライン・オプションで「/showIncludes」を付けると、
ヘッダファイルのフルパスが分かります。
オプションは「大文字」と「小文字」を区別するので、「showincludes」の
ように「小文字」の「i」(アイ)だとエラーになります。

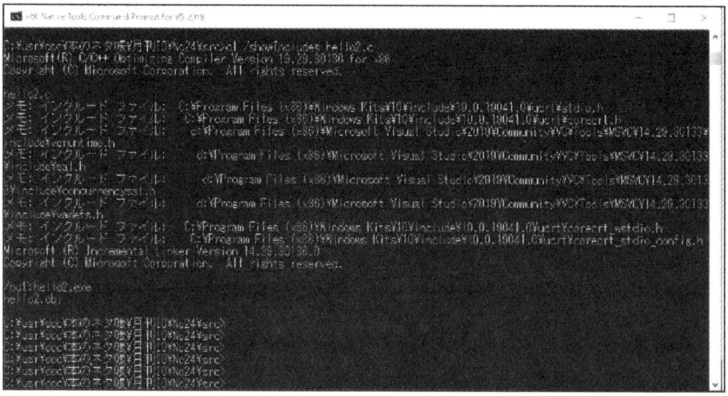

図3-4-1　「VC++」のヘッダファイルの調べ方

```
c:\>cl /showIncludes hello2.c
hello2.c
```

> インクルード ファイル: C:\Program Files (x86)\Windows Kits\10\in
> clude\10.0.19041.0\ucrt\stdio.h
> ...

　「C:\Program Files (x86)\Windows Kits\10\include\10.0.19041.0\ucrt\stdio.h」であることが分かりました。

　「stdio.h」のようなファイルのことを標準ヘッダファイルと呼び、コンパイラのインストールと同時に同梱されます。

　「#include <...>」という書き方をすると、標準ヘッダファイルとしてみなされ、コンパイラに同梱されているヘッダファイルが読み込まれることになります。

　ヘッダファイルは自作することもできます。

　ヘッダファイルをincludeする場合、標準ヘッダファイルではないことを明確にするため、

```
#include "my_sample.h"
```

のように「#include "..."」という書き方をします。

3-5　C言語の「char」の秘密

　「C言語」のプログラミングをはじめてすぐに出てくる、データ型の「char」ついてお話します。

C言語の「char」

　C言語のデータ型の1つして、「char」があります。
　「char」は、1バイトの表現することができます。

　「character」の略なので、発音としては「キャラ」や「チャー」などと呼ばれますが、私は「キャラ」と呼んでいます。

※一般的には、「チャー」と呼ばれることが多いようです。

「char」の大きさは1バイトです。

1バイトが9ビット（Honeywell 6000）というアーキテクチャも存在するようですが、一般的には8ビットになります。

「char」は文字を格納できる大きさであると、「C11/C17」の仕様に書いてあります。

> An object declared as type char is large enough to store any member of the basicexecution character set.

※ [ISO/IEC 9899:201x 6.2.5 Types] より引用

Linuxの「man ascii」でアスキーコードの一覧を見ることができますが、アスキーコードは7〜8ビットで表現されるので、ちょうど「char」に収まるということです。

つまり、charは文字を格納するためのデータ型であるといえそうですが、日本語の「Shift_JIS」は1文字が2バイトありますし、「UTF-8」になると3バイト以上になるので、「char」では不足することになります。

「char」は「文字型」と言うより、「1バイトの大きさの整数型」です。

「char」の落とし穴

「char」は「short」や「int」と違って、「符号付き」か、「符号なし」かが仕様としては決まっていません。

つまり、「char」の取り得る範囲が「-128〜127」なのか、「0〜255」なのかは、コンパイラによって変わるのです。

「char」に関しては、明示的に「singed」や「unsigned」を付与する必要があります。

[char.c]

```
#include <stdio.h>

int main()
{
    char c;

    c = -1;
    printf("%s\n", (c < 0) ? "negative" : "0 or greater");
}
```

　このプログラムを「x86_64」の「gcc」でコンパイルして実行すると、「char」は「符号付き」として扱われます。

```
# cc char.c
# ./a.out
negative
```

　「ARM」(aarch64)の「gcc」では、「char」は「符号なし」となります。

```
# aarch64-buildroot-linux-uclibc-gcc char.c -o char
# ./char
0 or greater
```

「char」の仕様を確認する

　「C11/C17」の仕様では、「CHAR_MIN」と「SCHAR_MIN」のマクロ定義、「CHAR_MAX」と「SCHAR_MAX」のマクロ定義の値が同じ場合、「char」は「符号付き」となると書いてあります。

```
If the value of an object of type char is treated as a signed integer
when used in an expression, the value of CHAR_MIN shall be the same as
that of SCHAR_MIN and the value of CHAR_MAX shall be the same as that
```

```
of SCHAR_MAX.
```
※ [ISO/IEC 9899:201x 5.2.4.2.1 Sizes of integer types <limits.h>] より引用

「CHAR_MIN」と「CHAR_MAX」の定義は、以下のようになっており、「__CHAR_UNSIGNED__」が定義されているかどうかで、決まることが分かります。

[/usr/include/limits.h]

```
#  ifdef __CHAR_UNSIGNED__
#    define CHAR_MIN 0
#    define CHAR_MAX UCHAR_MAX
#  else
#    define CHAR_MIN SCHAR_MIN
#    define CHAR_MAX SCHAR_MAX
#  endif
```

「gcc」の定義済みマクロは、以下のようにして調べることができます。

```
# gcc -dM -E - < /dev/null | grep __CHAR_UNSIGNED__
# aarch64-buildroot-linux-uclibc-gcc -dM -E - < /dev/null | grep __CHAR
_UNSIGNED__
#define __CHAR_UNSIGNED__ 1
```

実質、「char」は1バイトしか格納できないで、あまり使いどころはありません。

バッファを確保するときに、以下のように定義することが多いです。

```
char buf[256];
```

関数の名称から「返り値」を誤解しやすいものがあります。

```
int getchar(void);
```

「getchar関数」は、標準入力から文字を受け取る関数ですが、返り値は「char」ではなく「int」になります。

関数名に「char」が含まれているため、返り値も「char型」であると思い込む人が多いようです。私も、昔はそう勘違いしていた時期もありました。

「char」に関しては、手前味噌ではありますが、工学社から発売中の「Linuxデバイスドライバの開発」という書籍の、第2章(p.72)で紹介しています。

興味ある方は、ぜひ読んでみてください。

図3-5-1 「Linuxデバイスドライバの開発」,工学社

3-6 「C言語」の「C23」での新機能紹介

「C言語」の「C23」での新機能を紹介します。

K&Rスタイル

「ANSI C(C89)」が登場する前は、『プログラミング言語C』という本に紹介されていた、「K&Rスタイル」というコーディング記法が主流でした。

以下に示すように、関数を定義する際に、「引数」の「型」と「名前」を分けて書いていました。

```
extern int max(a, b)
int a, b;
{
    return a > b ? a : b;
}
```

「K&R C」から「ANSI C」になってからは、以下に示す書き方が推奨されるようになりました。

```
extern int max(int a, int b)
{
    return a > b ? a : b;
}
```

古いソフトウェアでは、「K&Rスタイル」で書かれたコードが残っているものもあるため、「VC++」や「gcc」などのコンパイラでは、いまでもコンパイルできます。

新しくコードを書くときは、「K&Rスタイル」を使って記述する人はさすがにいないと思いますし、コードレビューのときに書き直しが要求されるはずです。

しかし、私は長らく思い違いをしていたのですが、C言語の仕様として「K&Rスタイル」による関数定義が認められています。

＊

「C11」の仕様書＊で、「6.9.1 Function definitions」には、下記のように定義されています。

＊ http://www.open-std.org/jtc1/sc22/wg14/www/docs/n1570.pdf

[6.9.1 Function definitions]

```
function-definition:
    declaration-specifiers declarator declaration-list(opt) compound-
statement

declaration-list:
    declaration
    declaration-list declaration
```

このうち、「declaration-list」というのが、K&Rスタイルの関数定義のことを表わしています。

「opt」とあるのは、Optionalの略で、コンパイラのサポートは必須ではないという意味です。

よって、K&Rスタイルの関数定義をサポートしないコンパイラもあるということです。

＊

「C23」の仕様書をみると、改版履歴(Chagen History)に下記の一文があります。

＊ http://www.open-std.org/jtc1/sc22/wg14/www/docs/n2731.pdf

[M.1 Fifth Edition]

support for function definitions with identifier lists has been removed

(識別子リストによる関数定義は削除されました)

つまり、「C23」でようやく「K&Rスタイルの関数定義」がなくなることになります。

「C89」が登場してから34年間ですから、なんとも息の長い話ですね。

属性

「C23」では、[[と]]で囲む「属性」という機能がサポートされます。

これは、C++ではすでにサポートされている機能で、C言語にも仕様として取り込まれることになります。

現時点でサポートされる属性は4つで、「deprecated」「fallthrough」「maybe_unused」「nodiscard」になります。

＊

今回はこの中で、「fallthrough」について紹介します。

　たとえば、以下に示す「switch文」では、「case」に「break」を書いていません。

　これを、「fallthrough」(すり抜けて落ちる)と言います。

[fallth.c]

```
#include <stdio.h>

int main()
{
    int reiwa = 1;

    switch (reiwa) {
      case 1:
      case 2:
        puts("1, 2");
      case 3:
        puts("3");
      default:
        break;
    }
}
```

　「switch文」の「fallthrough」は、意図的に使う場合は問題ないのですが、プログラマーが「break」を書き忘れていることがあります。
　そうすると、「不具合」になります。

　そのため、コンパイラが「fallthrough」に対して警告を出すことがあります。

意図的なのであれば、属性を付けておくことで、警告を抑止できるというわけです。

[fallth_c23.c]

```c
#include <stdio.h>

int main()
{
    int reiwa = 1;

    switch (reiwa) {
     case 1:
     case 2:
        puts("1, 2");
        [[fallthrough]];
     case 3:
        puts("3");
     default:
        break;
    }
}
```

C言語の「C23」

今のC言語の最新規格は「C17」ですが、内容としては「C11」と同じなので、2011年の改版が最新であるということになります。

＊

次世代の仕様は「C23」と呼ばれていて、2023年に登場予定となっています。

＊

「C23」のドラフト版仕様は、下記サイトから入手できます。

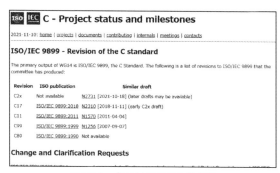

図3-6-1　「C23」のドラフト版仕様
＊http://www.open-std.org/jtc1/sc22/wg14/www/projects

　「Revision」が「C2x」となっているのが「C23」のことで、原稿執筆時点では「N2731」（2021/10/18）が最新のファイルです。本稿では、「C23」でどのような機能が追加される予定なのか、紹介します。

■ memccpy関数

　「memcpy」関数ではなく、「memccpy」関数。「C23」で新しく追加される予定です。
　関数の書式は、以下のとおり。

```
#include <string.h>
void *memccpy(void * restrict s1, const void * restrict s2, int c,
size_t n);
```

　「memccpy」関数は、「gcc」や「VC++」ではすでにサポートされており、それがC言語の仕様として取り込まれる形となります。

恥ずかしながら、私はこの関数の存在をいままで知りませんでした。

「memcpy関数」は嫌というほど使っているのですが、C言語の知らないことがまだまだあります。

＊

関数の動きとしては、

> ・s2からs1にコピーしていき、s2で最初に登場した「文字c」をコピーしたあと、コピーを停止する。
> ・「文字c」が1つも登場しない場合は、n文字コピーしたら、コピーを停止する。

となります。

サンプルコードを以下に示します。

実行結果として、「55_kuma」が端末に表示されます。

[memccpy.c]

```c
#include <stdio.h>
#include <string.h>

int main()
{
  char dst[16];
  char *p;

  p = memccpy(dst, "55_kumamon", 'a', sizeof(dst));
  if (p)
    *p = 0;
  printf("%s\n", dst);
}
```

■ localtime_r関数

「localtime関数」は「C89」のときから存在しますが、「localtime_r関数」が「C23」で追加されます。

「r」はリエントラント（reentrant）の意味で、実に25年ぶりの機能追加です。

もっとも、「localtime_r関数」は、早い時期からコンパイラが独自に対応していたので、使ったことがある人も多いと思います。

```
#include <time.h>
struct tm *localtime(const time_t *timer);
struct tm *localtime_r(const time_t *timer, struct tm *buf);
```

＊

いずれの関数も、"「time_t」のポインタ変数を受け取り、tm構造体に変換する"というものです。

関数の仕様としては動作は同じなのですが、関数の内部の動きが違うのです。

＊

「localtime関数」では、変換結果を内部で「static」な配列に保持します。

「static」な配列は共有されることになるので、関数を連続して呼び出したときや、マルチスレッドで使うと、期待外の動作をすることがあります。

「localtime_r関数」では、内部に情報を保持しないようにして、関数の呼び出し側から渡したバッファに情報を格納するようにすることで、課題解決をしています。

[localtime.c]

```
#include <stdio.h>
#include <time.h>

void sub()
{
    time_t now;
    struct tm *tm, *tm2;

    time( &now );
    tm = localtime( &now );

    now += (24*60*60);
    tm2 = localtime( &now );

    // tm と tm2 はポインタが同じ
    printf("%s\n", __func__);
    printf("%p %s", tm, asctime(tm));
    printf("%p %s", tm2, asctime(tm2));
}

void sub2()
{
    time_t now;
    struct tm *tm, *tm2;
    struct tm buf, buf2;

    time( &now );
    tm = localtime_r( &now, &buf );
```

```
  now += (24*60*60);
  tm2 = localtime_r( &now, &buf2 );

  // tm と tm2 はポインタが異なる
  printf("%s\n", __func__);
  printf("%p %s", tm, asctime(tm));
  printf("%p %s", tm2, asctime(tm2));
}

int main()
{
  sub();
  sub2();
}
```

索 引

記号・数字

.Net Framework ……………………13
.Net Framework ……………………44
3D-CG ……………………………39
8bit CPU …………………………66

アルファベット順

■A

AI……………………………… 14,30
Android Studio …………………27
Artificial Intelligence ……………30

■B

BASIC ……………………… 59,67,111
beginners' all-purpose syambolic instruction
code ………………………………59

■C

C …………………………… 53,68
C# ………………………… 12,44
C/C++ ……………………………31
C++ ………………………… 12,43
C11 ………………………… 120
C17 ………………………… 121
C23 ………………………… 131
C89 ………………………… 120
C99 ………………………… 120,121
char…………………………… 127
C言語 ………………………… 12,110
Cコンパイラ ………………… 112

■D

Dart…………………………………26
Deep Learning ……………………30
DirectX ……………………………45
Django ……………………………26
DL ……………………………………30

■E

Edge環境 …………………………34
emacs ………………………… 115
ES6……………………………………88

■F

Flask ………………………………26
Flutterフレームワーク ……………26
FORTRAN …………………………58

■G

Git Hub …………………………… 107
GLSL …………………………………46
Go ……………………………………16
Go ……………………………………89
GPU ………………………………30,45

■H

Haskel ……………………………35
High Level Shading Language ……45
HLSL …………………………………45
HTML ………………………………98

■I

iPhoneアプリ ………………………22

■J

Java ……………………………13,31,83
Java8…………………………………84
JavaScript ……………… 15,35,44,47,85
Java仮想マシン ……………………13
Javaプラットフォーム ………………13
JIS X 3010:2003 ………………… 117
JSON ……………………………… 100
Julia …………………………………35
Jupyter Notebook…………………32
JVM …………………………………34

■K

K&Rスタイル ……………………… 131
Kaggle ………………………………31
Keras ………………………………37
Kotlin ………………………………22

■L

Lisp……………………………………35
Lua ……………………………………47

■M

MATLAB ……………………………33
Matplotlib …………………………95
MS-DOS …………………………… 112

■N

nil ……………………………………23
Node.js ……………………………35
None …………………………………23
Null …………………………………23

索 引

Null安全 ……………………………………22
NumPy/SciPy …………………………………36

■O

Objective-C ………………………………22
Octave ……………………………………33
Office ……………………………………21
OpenGL Shading Language …………46

■P

Pandas ……………………………………36
Pascal ……………………………………68
PC-98 ……………………………………111
Perl ………………………………………59
Python …………………………14,31,92
Pytorch …………………………………37
Pytorch Lightning…………………………37

■Q

Quick C ……………………………………112

■R

R ……………………………………………31
Redmine……………………………………107
Ruby ………………………………………47,80
Ruby on Rails ………………………………47
Rust ………………………………………74

■S

Scala ………………………………………35
Scikit-Learn ………………………………37
Scratch ……………………………………16
Script ……………………………………11
SDK ………………………………………26
Smalltalk …………………………………73
SQL…………………………………………31
SwiftUI ……………………………………21

■T

TensorFlow ………………………………34,37
Tex …………………………………………98
The C Programming Language…………119
TPU ………………………………………30
Turbo C ……………………………………112
Type Script ………………………………35,47

■U

UI …………………………………………26

Unity ……………………………………40
UNIX ……………………………………114
Unreal Engine …………………………40

■V

VB …………………………………………21
VBA ………………………………………21
Visual Basic ………………………………21
Visual Basic for Application ……………21
VSCode …………………………………105

■W

Webサービス ………………………………18
Weka ………………………………………34

■X

X Windows System ……………………116
XML ………………………………………99

■Y

YAML ……………………………………100

50音順

■あ

アセンブラ…………………………………10,111
アセンブリ言語………………………………9,111
アンダースヘルスバーグ………………………12

■い

インタープリタ……………………………10,44

■お

オープンソース………………………………49
オブジェクト…………………………………12
オブジェクト指向……………………12,78,83,96
オブジェクト指向プログラミング………………21

■か

カーニハン……………………………………119
関数オブジェクト……………………………82
関数型………………………………………78,96
関数型プログラミング…………………………21

■き

機械学習……………………………………19
機械語………………………………………9,111
禁じ手………………………………………74

■く
グイドヴァンロッサム……………………14
クラスの定義………………………83
グラフィックスカード………………45

■け
ゲームエンジン……………………39

■こ
高級言語……………………… 9
高水準言語……………………… 9
構造化プログラミング……………67,77
コーディング………………………20
コマンドライン……………………36
コンパイラ……………………10
コンパイルエラー……………… 113

■し
シェーディング言語…………………45
ジェネリック………………………89
ジェネリックプログラミング…………78
自動運転システム…………………19
自動制御……………………18
人工知能……………………14

■す
スクリプト言語………………11

■せ
静的型付け………………………22
センサ……………………19

■そ
ソースコード…………………… 11,113

■て
低級言語……………………… 9
低水準言語……………………… 9
データ型……………………51
手続き型……………………78
手続き型プログラミング…………21
デニスリッチー……………………12

■と
動的型付け………………………22

■に
日本規格協会……………………… 117

■は
バイナリ……………………54
ハイパーリンク……………………99
パラダイム………………… 21,76
パラダイムシフト……………………93

■ふ
フレームワーク……………………26
プログラマブルシェーダ……………45
プロトタイプベース……………87

■へ
並列プログラミング…………………62

■ま
マークアップ……………………98
マークアップ言語……………………98
マークダウン……………………98
マークダウン言語……………… 104
マシン語…………………… 9,66
マルチパラダイム………… 12,69,89,92
マルチプラットフォーム………………39

■め
メソッド……………………89
メタテーブル……………………52
メタメソッド……………………52

■も
モデル化……………………21

■ゆ
ユーザーインターフェイス……………26

■ら
ライブラリ……………………14
ラムダ式……………………84

■り
リッチー…………………… 119

■ろ
ロボット……………………18

■わ
ワークステーション…………… 114

143

■執筆者

1章　目的別プログラム言語入門
［1-1］　本間　一
［1-2］　新井進鎬（市原こどもプログラミング教室）
［1-3］　新井克人
［1-4］　勝田有一朗
［1-5］　清水美樹
［1-6］　大澤文孝

2章　プログラム言語の掟
［2-1］　Cala Maclir
［2-2］　清水美樹
［2-3］　なんやら商会

3章　C言語、「昔話」から「現代」への物語
［全節］平田　豊

質問に関して

本書の内容に関するご質問は、

①返信用の切手を同封した手紙
②往復はがき
③ FAX(03)5269-6031
　(ご自宅の FAX 番号を明記してください)
④ E-mail　editors@kohgakusha.co.jp

のいずれかで、工学社編集部宛にお願いします。電話に
よるお問い合わせはご遠慮ください。

●サポートページは下記にあります。
【工学社サイト】http://www.kohgakusha.co.jp/

I/O BOOKS

プログラム言語の掟

2022 年 10 月 30 日　初版発行　ⓒ 2022

編　集　I/O 編集部
発行人　星　正明
発行所　株式会社工学社
　　　　〒 160-0004
　　　　東京都新宿区四谷 4-28-20 2F
電　話　(03)5269-2041(代) ［営業］
　　　　(03)5269-6041(代) ［編集］
振替口座　00150-6-22510

※定価はカバーに表示してあります。

［印刷］(株) エーヴィスシステムズ　　　　　　ISBN978-4-7775-2221-7